ARCHIVES

DES

MAITRES D'ARMES

DE PARIS

CET OUVRAGE A ÉTÉ TIRÉ
à six cent vingt exemplaires numérotés

SAVOIR :

10 sur Japon (n°s 1 à 10).
10 sur Chine (n°s 11 à 20).
600 sur Vélin (n°s 21 à 620).

———

EXEMPLAIRE SUR PAPIER VÉLIN

N° 200

Il a été tiré à part
30 exemplaires sur vélin teinté, non mis dans le commerce.

———

Reproduction et traduction interdites.

Henri DARESSY

ARCHIVES

DES

MAITRES D'ARMES

DE PARIS

PUBLIÉES

Par Henri DARESSY

MEMBRE HONORAIRE DE L'ACADÉMIE D'ARMES

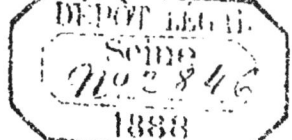

PARIS

MAISON QUANTIN

COMPAGNIE GÉNÉRALE D'IMPRESSION ET D'ÉDITION

7, RUE SAINT-BENOIT

1888

PRÉFACE

Fils et petit-fils de maîtres d'armes, nous nous sommes intéressé de bonne heure à tout ce qui pouvait nous donner un renseignement utile ou curieux sur un art que, guidé par les soins vigilants de notre père, nous avons cultivé pendant près de vingt ans en qualité d'amateur.

Nous avons collectionné les traités et les estampes se rapportant à l'escrime; mais ce sont surtout les documents provenant de l'ancienne Communauté des Maîtres d'armes de Paris que nous avons recherchés avec ardeur[1].

En 1791, toutes les Corporations, Jurandes et Maî-

---

[1]. Sous le titre de : *Statuts et Règlements faits par les Maîtres en fait d'armes de la Ville et Fauxbourgs de Paris*, nous avons publié, en 1867, quelques notes concernant cette Compagnie.

trises privilégiées ayant été supprimées, la Compagnie des Maîtres d'armes subit le sort commun, et ses archives, désormais sans objet, furent dispersées et perdues en partie. De loin en loin, nous avons eu la bonne fortune de recueillir quelques épaves échappées au naufrage, et, depuis trente ans, nous n'avons jamais laissé perdre une occasion d'augmenter notre collection.

A l'aide tant de nos documents que de notes puisées aux Archives nationales et dans les bibliothèques publiques ou privées, nous avons pu reconstituer presque entièrement l'histoire de la Compagnie qui fut l'objet constant de nos études.

Nous croyons être agréable aux personnes que les curiosités de l'escrime intéressent, en publiant dans le présent livre le résultat de nos recherches; nous serions heureux de le voir prendre place, à un titre plus modeste, à côté de la Bibliographie de l'escrime, faite par un de nos plus grands maîtres modernes, en même temps charmant conteur et chercheur passionné des anciens traités d'armes : nous avons nommé Vigeant.

Le lecteur suivra dans la première partie de notre ouvrage l'historique des diverses transformations subies par les Statuts des Maistres Joueurs et Escrimeurs d'espée, devenus plus tard les Maistres en faict d'armes des Académies du Roy.

A la suite des Statuts viennent s'ajouter les Lettres patentes accordées à la Communauté par les rois de France, quelques Sentences et Arrêts, et enfin le nom

PRÉFACE.

des principaux Maîtres d'armes ayant enseigné en France, depuis 1556 jusqu'à 1850.

La seconde partie contient des renseignements sur l'escrime et les escrimeurs à différentes époques, des notes concernant les duels et les Lettres de rémission.

Dans un chapitre consacré au duel célèbre de La Châteigneraie et de Jarnac, nous nous sommes appliqué à démontrer, contrairement à l'opinion erronée communément admise, que la conduite de ce dernier gentilhomme avait été parfaitement loyale : l'honneur français nous créait ce devoir.

Cédant à un sentiment filial, nous donnons la biographie de notre aïeul, Jean Daressy, le maître de Lafaugère, et celle de Pierre Daressy, notre père.

Leur souvenir nous a soutenu dans l'accomplissement de la tâche que nous avons entreprise : nous dédions ce livre à leur mémoire.

Noy Daressy

PRÉCIS HISTORIQUE

On a peu de renseignements sur les maîtres d'armes de Paris pendant le moyen âge et même jusqu'au milieu du XVIᵉ siècle ; le plus ancien document où il en soit fait mention, à notre connaissance, date du règne de Philippe le Bel.

C'est le rôle de la taille levée en 1292[1] sur les habitants de Paris ; nous avons trouvé dans cette pièce les noms, demeures, ainsi que la taxe payée par chacun des sept *escrémisséeurs*[2].

Le XVIᵉ siècle devant être le point de départ de notre publication, nous commencerons la série des documents par l'ordonnance de 1554.

A cette époque, les écoliers de l'Université abandonnaient volontiers l'étude du grec et du latin pour aller tirer des estocades dans les salles d'armes ; une

---

[1]. Les numéros renvoient aux Notes, page 127.

ordonnance du Parlement, en date du 20 août 1554, relative à la police des écoliers de l'Université [3], porte dans son article VI que « plusieurs des dits escholiers, au lieu de vacquer à leurs études, vont souvent chez les maistres escrimeurs et joueurs d'espée demourant es dits faux-bourgs [4] en lieux destournez, de peur d'estre veus de leurs maistres et régents. » Pour remédier à cet état de choses, la Cour enjoignit « à tous les dicts escrimeurs et joueurs d'espée se retirer en la dicte ville, es rues publiques d'icelle, sans d'ores en avant se tenir et demourer es dits fauxbourgs, sur peine de prison et autre amende arbitraire. »

Nous ignorons si cet article VI eut pour effet de retenir davantage les *escholiers* sur les bancs des collèges.

Jusqu'en 1567, les maîtres d'armes de Paris s'étaient tenus isolés les uns des autres ; mais, comprenant l'avantage qu'ils auraient à former une compagnie privilégiée, ils rédigèrent des statuts qu'ils soumirent à la sanction royale. Charles IX [5], par ses Lettres patentes du mois de décembre 1567, autorisa les *Maistres Joueurs et Escrimeurs d'espée* de la ville de Paris à se réunir en communauté et confirma leurs statuts.

En 1573, Henry de Sainct-Didier [6], gentilhomme de Perthuis, en Provence, fit paraître le premier ouvrage français traitant de la science des armes; il le dédia au roi Charles IX.

A la demande de ce prince, l'auteur fit assaut avec un frère du roi et aussi avec le duc de Guise[7].

Éclairée par l'expérience, la Communauté des Maîtres Escrimeurs reconnut les défauts de certains articles de ses règlements; elle corrigea ses statuts et les présenta à l'approbation du roi.

Henri III, par ses Lettres patentes du mois de décembre 1585, confirma tous les privilèges accordés par Charles IX, et pour donner plus d'autorité à la Communauté, il fit enregistrer par le Parlement (27 janvier 1586) ces statuts ainsi réformés.

Les modifications eurent pour objet : 1° de porter de deux à quatre années le temps d'apprentissage nécessaire aux prévôts pour se présenter à la maîtrise; 2° de défendre à toute personne d'enseigner l'exercice des armes, si elle n'avait été reçue à la maîtrise par chef-d'œuvre ou expérience; 3° de retirer aux veuves des maîtres le droit de se servir du brevet du défunt pour faire tenir salle.

Ce qui motiva cette dernière réforme, c'est qu'au lieu de se conformer aux règlements qui prescrivaient aux veuves de prendre les prévôts imposés par les Gardes de la maîtrise, il était arrivé plusieurs fois qu'elles avaient pris les premiers venus, même non pourvus de brevets de capacité.

A l'occasion d'un joyeux avènement, d'une naissance, d'un mariage de prince ou princesse, souvent aussi à titre de don gracieux, les rois et les reines de France créaient des Lettres de maîtrise dans chacune des communautés d'arts et de métiers. Celles qui furent octroyées dans la Communauté des maîtres d'armes devinrent souvent une cause de procès entre la Communauté, jalouse de faire respecter ses privilèges, et les possesseurs de ces nouvelles Lettres; ces derniers refusaient absolument de faire l'expérience exigée par les statuts, prétendant avoir le droit d'exercer leur profession librement et sans aucun contrôle.

Tel fut le cas d'un maître italien nommé Vincent Vannarelli [a], pourvu par la reine Marie de Médicis d'une de ces Lettres de maîtrise : il ne voulut pas se soumettre au chef-d'œuvre réglementaire et entama un procès avec la Communauté le 10 juillet 1619. Un arrêt du Parlement, rendu le 12 août 1621, lui défendit d'exercer avant d'avoir fait une « légère expérience avec six maîtres et de quatre sortes d'armes [b] ».

En 1633, la Communauté rédigea de nouvelles Ordonnances pour rétablir l'ordre dans la réception des maîtres, souvent acceptés en dehors des règles établies « par trop grande bonté et facilité de nous tous », disent ces Ordonnances.

Le temps d'apprentissage fut porté à six ans au lieu de quatre, et ce n'était qu'après les deux premières années écoulées que le prévôt pouvait porter l'épée ordinaire (?), avec la permission, toutefois, du syndic et du maître qui lui enseignait les armes.

Les maîtres prirent l'engagement formel de ne plus obliger aucun prévôt qui ne fût natif du royaume de France. (Obliger, *c'est-à-dire préparer à la maîtrise.*)

Saint Michel étant le patron des escrimeurs, tous les membres de la Communauté devaient, d'après les nouvelles ordonnances, se rendre au grand couvent des Augustins, le jour de la fête du saint, pour y entendre la messe célébrée en son honneur, « sous peine d'un escu s'il n'y a cause légitime ». Cette messe annuelle se disait auparavant dans l'église Sainte-Geneviève-des-Ardents (située rue Neuve-Notre-Dame).

Dans les Lettres patentes données à Chantilly en mars 1635, Louis XIII, rendant hommage aux progrès apportés à l'enseignement de l'escrime par les membres de la Communauté, constate « qu'au moyen du grand soin, travail et diligence des maîtres exerçant en nostre bonne Ville de Paris, exercice et expérience des armes y seroit venüe à ung tel degré de perfection, qu'au lieu que par le passé nos subjectz avoient accoustumés d'aller dans les pays estrangiers pour y apprendre ledit exercice et maniement des armes, après, les estrangiers sont contrainctz de venir en France pour cet effet [10] ».

Par ces mêmes Lettres patentes, Louis XIII excepta la Communauté des Lettres de maîtrise qui pourraient être créées à l'avenir, et cassa et annula toutes celles qui avaient été accordées jusqu'à cette époque.

Malgré son Édit, le roi Louis XIII donna lui-même à Jean Pillard, maître tireur d'armes de ses écuries, des Lettres et un brevet de permission en 1637 et en 1642.

Jean Pillard voulut ouvrir une salle dans la ville de Paris, mais la Communauté s'y étant opposée, il s'ensuivit un procès qui se termina par un Arrêt du Grand Conseil, rendu le 14 juin 1643, lequel enjoignit à Jean Pillard de fermer sa salle et de ne point enseigner son art hors des écuries du roi.

Louis XIV confirma, le 30 septembre 1643, les Statuts, Règlements et Ordonnances de la Compagnie, ainsi que les Sentences et Arrêts rendus en faveur de la Communauté.

Au mois de mai 1644, les maîtres d'armes firent de nouveaux statuts. L'article 14 porta qu'un maître ne pouvait s'absenter de sa salle pour affaires particulières plus d'un an et trois mois; que, passé ce temps, les Jurés et le Garde devaient faire fermer sa salle, « et que si c'estoit pour exercer quelque office qui derogeast à la noblesse et dignité dudit art, il sera non seulement contraint de fermer sadite salle sitost qu'il sera admis à iceluy Office dérogeant, mais aussi renoncer à cette profession ».

Louis XIV donna d'autres Lettres patentes à la Communauté, au mois de mai 1656; il voulut qu'à l'avenir le nombre des maîtres en fait d'armes de la ville, faubourgs et banlieue de Paris, qui étaient de vingt-cinq, fût réduit à vingt.

Le roi accorda la noblesse héréditaire aux six plus anciens maîtres ayant vingt ans d'exercice depuis leur réception à la maîtrise; après le décès de l'un d'eux, le plus ancien maître devait lui succéder, et, au bout de sa vingtième année d'exercice, il devait être anobli à son tour, et ainsi de suite.

Le roi défendit encore à toute personne n'ayant pas été prévôt sous l'un des Maîtres de la Compagnie d'exercer la profession de maître d'armes dans l'étendue de son royaume.

Il accorda à la Compagnie les armoiries suivantes : « le champ d'azur à deux épées mises en sautoir, les pointes hautes, les pommeaux, poignées et croisées d'or, accompagnées de quatre fleurs de lys, avec timbre au-dessus de l'écusson et trophées d'armes autour ».

Les premiers maîtres appelés à jouir des privilèges du nouvel édit furent Jehan ou Jean Le Coq et Jean Renard, sieur de Préville, anoblis tous deux le 28 février 1657. Jean Renard est le maître qui a signé Regnard sur les statuts de 1644; il était alors juré pour la deuxième fois.

Par les marques de faveur accordées à la Compagnie des Maîtres d'armes de Paris, le roi montrait toute l'importance qu'il attachait à l'enseignement de l'escrime.

Louis XIV commença lui-même, dès l'âge de dix ans, à faire des armes sous la direction de Vincent de Saint-Ange[11]; Pascal Rousseau fut le second maître du roi.

Au XVIIe siècle, on appelait *ferrailleurs* les personnes qui enseignaient l'escrime sans faire partie de la Communauté.

Le 18 décembre 1685, une sentence rendue à la requête du procureur du roi défendit au nommé Bary, ferrailleur, de s'ingérer dans l'exercice des maîtres en fait d'armes et ordonna la fermeture de sa salle; Bary avait été surpris « montrant l'exercice en faict d'armes, le fleuret à la main, la sandale et le chausson aux pieds ».

Deux arrêts semblables furent rendus le même jour contre deux autres ferrailleurs nommés l'Hoste et Caudat.

Malgré la sévérité de ces sentences, la Compagnie des Maîtres d'armes fut encore obligée plusieurs fois d'avoir recours aux magistrats pour empêcher la concurrence des ferrailleurs. En décembre 1722, notamment, dix commissaires de police furent chargés de verbaliser contre Rouet, Houaley, Nègre, Lépine, Lemaire, Lecomte, Hénault, Duplessis, Peirière, Sinègre, Keilly père et fils, le petit Basque, La Jeunesse, Ramé et Esborel, tous maîtres d'armes sans qualité.

Le 23 juin 1724, une sentence de police rendue par Gabriel-Hyérome de Bullion, prévôt de Paris, défendit aux ferrailleurs de tenir salle sous peine d'une amende de 300 livres, de la confiscation des fleurets, plastrons, etc., et même d'emprisonnement.

Défense fut faite aux propriétaires et aux principaux locataires de louer à aucune personne se disant maître d'armes, sans s'être fait présenter la Lettre de maîtrise et l'acte de réception du serment fait par-devant le procureur du roi, sous peine de 200 livres d'amende et de la fermeture immédiate de la salle qui devait rester murée pendant six mois.

Cette sentence interdit aussi aux marchands de vin, vendeurs de bière et eaux-de-vie, de souffrir dans leurs cours et jardins aucune assemblée de la part des ferrailleurs ou de leurs élèves, pour faire l'exercice de cet art, sous peine de 1,000 livres d'amende, « même d'être procédé contre eux extraordinairement et de punition exemplaire s'il y échet ».

Cette sentence de police fut sanctionnée par un arrêt du Parlement en date du 18 décembre 1759, qui attribua la moitié des amendes à la Communauté des Maîtres d'armes et l'autre moitié à l'Hôtel-Dieu, moins 30 livres pour les frais occasionnés par la recherche des contraventions.

Louis XV confirma expressément par ses Lettres patentes du mois de décembre 1758 les Statuts et Règlements faits par les Maîtres d'armes le 12 mai 1644, et homologués par le Châtelet le 5 novembre suivant. Le roi les fit enregistrer au Parlement le 17 mars 1759.

Cette même année, la Compagnie dut faire usage de ses droits pour contraindre le maître d'armes privilégié du duc de Bourgogne, Dalonneau de la Raye, à fermer une salle qu'il avait ouverte dans Paris.

Dalonneau de la Raye ne faisait pas partie de la Communauté; néanmoins, il se crut suffisamment armé, grâce au brevet spécial que lui avait donné, le 6 août 1758, le comte de la Vauguyon.

Mais, le 12 décembre 1759, un arrêt de la prévôté de l'Hôtel porte :

« Que dans le jour de la signification de ladite sentence, Dalonneau de la Raye sera tenu de fermer la salle qu'il tient ouverte, et d'abattre les bras et enseigne par lui placés au lieu de son domicile; sinon permet aux Maîtres en fait d'armes des Académies du Roy de faire abattre lesdits bras et enseigne aux frais et dépens dudit Dalonneau; lui défend de s'aider à l'avenir du brevet par lui obtenu de M. le comte de la Vauguyon. »

La sentence fut confirmée par un arrêt du Grand Conseil (23 août 1760).

L'enseigne traditionnelle des Maîtres d'armes faisant partie de la Communauté était un bras tenant une épée.

Nous possédons une pancarte d'un maître *ferrailleur* du milieu du XVIIIe siècle.

C'est un écriteau à la main, enjolivé de deux escrimeurs; l'adresse est ainsi conçue :

MARTEAU, MAITRE EN FAIT D'ARMES,
Élève de M. de Liancour,
Grande Cour du Temple

La Bibliothèque de l'Arsenal possède un exemplaire du Traité de Liancour ayant appartenu à Marteau.

Le titre de Maîtres en fait d'armes des Académies du Roy vient de ce qu'ils enseignaient leur art dans certaines écoles fondées au xviie siècle pour l'instruction de la noblesse; ces écoles, placées sous la protection royale, portaient le titre d'Académies du Roy [12].

Le 11 avril 1764, le Parlement rendit un arrêt aux termes duquel il fut défendu à toutes personnes autres que les Maîtres d'armes, reçus par expérience et chef-d'œuvre, d'enseigner dans les Collèges et Pensions de l'Université de Paris, sous peine de 300 livres d'amende et la saisie des fleurets, plastrons, etc.

Afin d'éviter toute surprise, les maîtres qui allaient enseigner étaient obligés de remettre aux Directeurs des Collèges et Pensions une copie de leurs Lettres de Maîtrise, certifiée par le Syndic et les Gardes de la Compagnie.

Les Académies du Roy ayant cessé d'exister les unes après les autres, les Maîtres d'armes fondèrent en 1788, dans la maison de Danet, rue du Chantre, l'École royale d'armes.

Danet fut le premier Directeur de cette École, et Teillagorry le Directeur-Adjoint.

Nous voici arrivés aux temps modernes; l'année 1789 va finir.

Depuis longtemps déjà, les finances de la France sont épuisées; à chaque séance de l'Assemblée nationale, des députations de toutes les classes de la société viennent, dans un généreux élan, apporter leur offrande à la Patrie : les Maîtres d'armes de Paris ne sont pas les derniers ; ils se présentèrent devant l'Assemblée nationale au nombre de dix-sept, ayant à leur tête Teillagorry, alors Directeur de l'École royale d'armes, et Pâquier, Directeur-Adjoint.

Voici l'extrait du *Moniteur* du 31 décembre 1789 :

GAZETTE NATIONALE ou *MONITEUR UNIVERSEL*

(31 décembre 1789)

ASSEMBLÉE NATIONALE

Présidence de M. Desmeuniers.

Une députation du corps des Maîtres d'armes de Paris est admise à la barre.

L'orateur de la députation : « Les Maîtres d'armes de l'École royale d'armes de Paris viennent, à l'exemple de tous les bons Français, présenter leur hommage patriotique à l'auguste Assemblée.

« Nosseigneurs, destinés à mettre les premières armes dans les mains de la jeunesse de France, nos épées sont l'offrande naturelle que nous avons à faire à la Patrie.

« Deux métaux les composent, l'argent et le fer, agréez le premier pour les besoins pressants du moment; nous jurons d'employer le second au service de la Nation, au maintien de la Liberté, au soutien de vos Décrets et à la défense du meilleur des Rois. »

Le Président à la députation : « L'émulation de patriotisme que montrent tous les citoyens, est un heureux augure du bonheur qui nous attend.

« L'Assemblée nationale reçoit avec satisfaction le sacrifice que vous faites aux besoins de la Patrie, et elle vous permet d'assister à la séance. »

Enfin, le 17 mars 1791, l'Assemblée nationale rendit un décret ordonnant la suppression de toutes les Corporations, Maîtrises et Jurandes.

Ce décret mettait un terme à l'existence de la Compagnie des Maîtres en fait d'armes de Paris; deux cent vingt-trois années s'étaient écoulées depuis sa fondation.

Quant à l'École de la rue du Chantre, qui ralliait encore les membres de l'ancienne Communauté, entraînée par la chute de la Royauté, elle ne subsista que jusqu'en 1792.

ORDONNANCES
ET
STATUZ

DES

MAITRES JOUEURS ET ESCRIMEURS D'ESPÉE

DE LA VILLE DE PARIS

POUR LE RÈGLEMENT DUDICT ESCRIME

(15 janvier 1567)

Premièrement : que pour doresnavant garder l'Art et Instruction es armes des Maistres Joueurs et Escrimeurs d'Espée de la Ville de Paris, Establiz deux Gardes en icellui Art, Lesquels seront deux ans entiers dont l'un des deux se renouvellera d'an en an, et feront lesd. Gardes le Serment pardevant le Procureur du Roy, Le faultes et mesprenture qu'ils trouveront au faict d'Escrime.

Item : Qui voudra parvenir à la Maistrise en la Ville de Paris sera tenu servir ung desd. M^{es} deux ans de Prévost aultrement dict garde salle, et le temps accomply mectera ung Jeu de prix de Prévost général pour avoir la liberté de hanter les Salles des aultres M^{es}. A celle fin qu'ils ayent cognoissance du scavoir et du mérite susd. Il sera expérimenté par ung aultre Prévost général ou plus s'il y en a pour parvenir a lad^e prévosté, Et les fils de M^{es} seront Prévost généraulx sans faire Jeu de prix ne expérience.

Item : Led. tems finy au cas que cell. qui ainsi a esté Prévost voulsit aspirer à lad. maistrise, sera tenu faire chef deuvre, Tous les M^{es} appellés pour estre par eulx experimentez en la présence desd. Gardes, Et sera tenu apporter ung Jeu de prix qui sera veu et visité par Lesdicts Gardes garny d'un M^e dud. Art qui lui servira de Conducteur en cest endroict.

Et Led. Chef deuvre bien et deuement faict et estant icelluy trouvé cappable seront lesd. Gardes tenuz dedans vingt quatre heures après led. chef deuvre faire le rapport par devant Monsieur le Procureur du Roy, de la suffisance d'icell. Et fera led. M^e le Serment pardevant led. Sr Procureur en tel cas requis et accoustumé.

Item : Lesd. Gardes seront tenuz d'aller en Visitation aux Logis desd. M^{es} pour voir et visiter leurs armes, rapporter aussi les malfaçons et mesprentures qu'ils trouveront aud. faict d'Escrime, en la Chambre de Monsieur le Procureur du Roy.

Et au cas que aucun desd. M^{es} feust trouvé contrevenant et que les Bastons et Armes ne feussent trouvées bonnes, seront lesd. Bastons et Armes rompus Et le M^e condempné en vingt solz parisis d'Amande appliquables moictié au Roy et l'aultre moictié ausd. Gardes.

Item : Si aucun M^e va de vie à trespas, La Vefve pourra faire tenir Salle durant sa viduicté par un homme sçavant aud. Art, Lequel lui sera baillé par lesd. Gardes dud. Art, Et si elle se marie, ne pourra jouir du prévilleige ny aud. en un nom.

Nul en ceste Ville de Paris ne pourra tenir salle ne faire faict de M^e ou Soy dire M^e ne entreprendre d'aller monstrer led. art en Chambre ne allieurs, S'il n'a faict chef d'euvre et estre experimenté comme dessus, Et au cas que quelqu'un fust trouvé contrevenant, l'amendera au Roy de quatre Livres parisis appliquables comme dessus, et leurs Bastons et Armes confisquez.

Nul desd. M^{es} ne pourront monstrer ne enseigner à Jouer Les quatre festes solempnelles de l'an, fuste No^e Dame, fuste St Michel, sur peine de XX sous parisis appliquables comme dessus au moyen que le jour de la

S¹ Michel Est le jour de la Confrairie des Mes Joueurs d'Espée.

Item : Et au moyen que l'Art en faict d'Escrime est de grande conséquence et qu'il pourroit advenir plusieurs Inconvénians par personne non expérimentez Lesquelz se pourroient faire recevoir par vertu des Lettres de don qui adviennent communément Voullons et nous plaist que Lesd. M^es qui se presenteront en vertu desd. Lettres : soient expérimentez par lesd, M^es et Gardes dud. Art qui feront leur rapport de la suffisance ou insuffisance diceulx à Justice ; et ou ils Seront suffisans Seront receuz et non aultrement...

Signé : Jean Coéfit, Jean Langlois, J. Goussu, Mathieu de Lor.

Registrees oy le Procureur Gnal du Roy, comme il est contenu en Registre de ce Jour à Paris en Parlement le xxbij Jour de Janvier gb^c iiij^xx bj.

Signé : Dutillet.

ORDONNANCES

DES MAISTRES EN FAICTS D'ARMES

DE LA VILLE DE PARIS

(10 juillet 1633)

Nous Maistres en faicts d'armes soubsignez, voyant les abus qui journellement arrivent dans nostre Communauté touchant les receptions des Maistres, lesquels ont été receus contre les arrests de la Cour et antiennes ordonnances que nous avons sur ce sujet, et que la principale cause de ce désordre n'est advenu que d'une trop grande facilité et bonté de nous tous à l'endroit de ceux qui se sont présentez à la Maistrise, lesquels ont été favorisés au détriment et réputation de ceulx qui avec peine et travail ont acquis ce degré, lequel ne debvroit estre concédé qu'à ceux qui en seroient jugé capables veu la conséquence, par les Jurés et antiens comme gens capables et qui sçavent les inconvéniens qui en peuvent arriver.

Nous désirant continuer l'antienne dissipline qu'y a eue par le passé avons avisez de faire un accord par ensemble que nous promettons et jurons d'observer de poinct en poinct et d'autant que si devant nous avons faicts quelques escarts pour tascher de nous maintenir ce que nonobstant nous y avons contrevenus.

Nous avons esleu un Sindicq perpétuel auquel nous donnons puissance et pouvoir de faire observer ce présent accord et ordonnances, nous soubmettant et obligeant volontairement de payer une amende de douze livres parisis au cas que nous manquions à ce que nous promettons présentement, donnant pouvoir audit sindicq de nous y contraindre par toutes voyes possibles sans que nous y puissions contrevenir en quelque façon et manière que ce soit.

PREMIÈREMENT, nous promettons d'observer un arrest de la Cour du Parlement que nous avons contre ceux qui se veulent faire recevoir par lettres, portant qu'ils feront une légère expérience contre six Maistres et de quatre sortes d'armes.

Que doresnavant nous ne pourrons obliger aucun prévost qui ne soit natif du royaume de France et faisant profession de la religion catholique, apostolique et romaine, et qui ne soit de bonnes mœurs et bonne vie, lequel sera obligé six années pour se perfectionner et se rendre capable de la Maistrise, et ne pourra ledit prévost porter l'espée ordinaire qu'au préalable il n'ait servi son Maistre l'espace de deux années en demandant congé au Sindicq et à son dict Maistre de la porter.

Que celui qui se présentera à la Maistrise fera l'assemblée accoustumée pour requerre jour lequel ne pourra estre sceu dudit requerrant que le soir d'auparavant sa réception ny ne pourra faire eslection du lieu afin d'obvier aux désordres qui par cydevant sont arrivez, et que dans nos assemblées il n'y entrera que des Maistres, que si quelqu'un des soubz signez y faict entrer d'autres il payera l'amande cy dessus pour la première fois et pour la seconde sera chassé d'avec nous et ne sera plus appellé à aucune de nos assemblées comme contrevenant.

Que les prix des réceptions seront d'une espée d'argent pour le premier de la valeur de dix-huit livres tournois. Une bague d'or pour le second de la valleur de neuf livres. Une paire de gands de Cerf pour troisiesme de la valleur de six livres et une douzaine d'esguillettes pour le quatriesme d'argent et soye meslé de la valeur de quatre livres et demye et que les droicts tant des présents que des absents seront mis en commun dans le coffre de nostre Communauté avec un memoire de ce qui y sera mis excepté que nostre Sindicq aura deux escus et une paire de gand de la valleur de soixante sols de cellui qui sera receu.

Avant le serment presté celui qui sera receu signera l'Original de nos Ordonnances et payera (*mots effacés sur le parchemin*) que l'on a coustume de payer pour nostre confrairie et maintien de nostre Communauté.

S'il arrive en experimentant celui qui voudra estre receu, lon a donné de mesme temps cela sera conté nul et recommenceront jusques à la fin de deux bottes franches pour obvier à l'abus qui en peut arriver.

Après l'experience accoustumée si celuy qui doibt estre receu est jugé capable par le Sindicq, Jurez et anciens, il sera présenté par lesd. Jurez à Monsr le Procureur du Roy au Chatelet pour luy faire prester le Serment accoustumé.

Que s'il arrive qu'il soit battu franc des deux premieres, il sera renvoyé pour le temps que l'on jugera à propos afin de se perfectionner en luy rendant tous les frais qu'il aura desboursés.

Nous promettons de nous rendre tous aux assemblées estant advertis de nous y trouver sur peine d'un escu pour la première fois sil ny a cause légitime comme de maladye d'affaires de conséquence ou d'absence, nous obligeant d'envoyer nos excuses et a faute de ce faire ledit défaillant payera ladicte amande. s'y obligeant dès a present.

Les Jurez allant faire la recherche accoustumée auront pouvoir de mener ceux des Maistres que bon leur semblera sil'ny a excuse légitime, affin de les assister laquelle ils feront sans porter faveur à aulcun.

Si quelque prévost veult sataquer à quelque Maistre ledit Maistre ne sera tenu de luy respondre attendu l'inégalité, ains fera sa plaincte au Maistre dudit prévost lequel sera obligé le représenter devant nostre Sindicq et Jurez pour recevoir tel chastiment quil leur plaira ordonner deffendons en oultre a nosdits prévosts de faire assemblée par ensemble dans nos salles sous peine destre chassez davec nous et d'estre forclos de la Maistrise des armes.

Que si quelque Maistre querelle ou donne subject de querelle dans nos Assemblées, l'action en sera blasmée par le Sindicq et Jurez comme contrevenant à nostre Société, et que nul ne pourra assister ledit contrevenant sous les peines portées par nosdites Ordonnances, et en cas que lesdits contrevenants voulussent sen attaquer a nostredit Sindicq ou Jurez, nous nous obligeons tous de le maintenir et de chasser davec nous ceux qui voudrons tascher de corrompre notre ordre.

Que d'un commun accord nous eslirons un Sindicq lequel aura le coffre et une clef de notre communauté, lequel baillera deux memoires signez dudit Sindicq et des Jurez de ce qui se trouvera dans ledit coffre l'un desquels sera mis dans ledit coffre et l'autre entre les mains des Jurez qui sortiront de charge. Lesquels remettront entre les mains de leurs successeurs les deux autres clefs en leur rendant compte de ce dont ils estoient chargez.

Et que lesd. Jurez ne pourront rien entreprendre touchant les affaires de nostre Corps qu'ils n'en ayent communiqué aud. Sindicq la voix duquel passera pour deux et aura pouvoir de contraindre ceux qui contreviendroient à nosdites Ordonnances et présent accord comme il est plus à plain déclaré dans le brevet que nous lui en avons baillé signé de nous tous.

Que nul des soubzsignez ne pourra renouveller aucunes choses passé cy devant touchant les malversations arrivé par le passé dans nostre Communauté afin d'entretenir de mieux en mieux nostre Société sur les mesmes peines declarez en l'article huict.

Nous promettons d'observer et garder un réglement que nous avons du bailly de St-Germain des prez portant que aucune ne pourra enseigner nostre dit exercice aud. St-Germain sil na esté receu et faict l'expérience ainsi que nous.

Nous assisterons tous les ans au service qui ce célèbre

au grand couvent des Augustins le jour et feste de St Michel nostre patron sous peine d'un escu sil ny a cause légitime.

Que doresnavant les fils des Maistres seront receus à la maistrise des armes en faisant par eux lexperience contre cinq ou six Maistres ainsy que ceux qui ont été obligez et auront lesd. fils de M^{es} faveur en ce qui concerne nos droicts en deniers seulement et non d'autres frais accoustumés.

Que si nostre Sindicq assisté des Jurez et quatre Maistres à son choix, sçavoir deux anciens et deux jeunes est contrainct pour le soutien de nostre Communauté de faire quelque frais tant ordinaires qu'extraordinaires ils en seront creus à ce quilz en diront sans que personne puisse aller au contraire pour quelque cause que ce soit.

Pour conclusion nous promettons et jurons d'observer inviolablement sur notre honneur ce present accord envers et contre tous. Nous soubmettant de rechef de payer les douze livres d'amende cydessus si nous y contrevenons, desquelles Ordonnances et present accord chascun des Maistres soubzsignez aura une coppie signée du Sindicq et des Jurez d'apresant afin qu'aucun ne puisse contrevenir ny prétendre cause d'ignorance.

Faict ce dixiesme jour de juillet Mil six cent trente trois

estant lors Sindicq le Sieur Langlois, valet de garderobe de la chambre du Roy et Jurez les Sieurs du Rocher et de la Frenays.

Ont signé :

Langlois, de la Fontaine, de Riencourt, Jacques Bourdon, Saint-André, Noble Henry, Jean Lecoq, Marres, Lavingne, Papillon, Bret de la Frenays, du Cornet, Vallet, Papillon, Langloys, Regnard, Alexandre Lemaire, Mory, Beaulieu, de Riencourt, Lescuier, Vincent de Saint-Ange, Du Rocher, Marc de la Roche, Anne Legoix.

En témoing dequoy Nous avons tous Signé excepté ceux
nous avons accoué sumes avoir lors Suiez pour la dire foix
Les Ex. ... de la boulay à Reignard à jour gaud dorouard se lag...
Coumau Les ... andré fauxat Lavré ce vintieisme jour
de May l'an 1710. Quarantre muchs le Bretbrenaye

[signatures follow]

STATUTS ET RÉGLEMENTS

FAITS

PAR LES MAISTRES EN FAITS D'ARMES

DE LA VILLE ET FAUXBOURGS DE PARIS

POUR LE MAINTIEN

DE LEURS PRIUILEGES OCTROIEZ PAR LES ROYS

(12 mai 1644)

PREMIÈREMENT, se fera eslection de deux Jurez par tous les Maistres assemblez, par deuant Monsieur le Procureur du Roy au Chastelet de Paris ou en son Hostel, & ce à la pluralité des voix, pour veiller aux affaires de la Communauté & faire les fonctions necessaires, lesquels deux Jurez exerceront la charge deux années entieres. Et de là en auant de deux ans en deux ans sera procedé à nouuelle eslection de deux autres Jurez comme dessus; sans auoir esgard aux rangs ny à l'ordre de reception, mais seulement de personnes capables pour conduire les affaires d'icelle Communauté.

2.

Au jour que l'eslection se fera desdits Jurez, il sera aussi esleu & choisi vn desdits Maistres pour Garde des Ordres & Priuileges, lequel aura esté cy-deuant Juré, auquel sera baillé le coffre, les deniers & tous les papiers de ladite Communauté, auquel coffre il y aura trois clefs différentes, dont les deux seront baillées auxdits Jurez, & la troisiesme demeurera audit Garde, chez lequel se feront toutes les assemblées concernant les affaires de ladite Communauté pendant les deux années qu'il sera en charge, au bout desquelles il y en aura un autre subrogé en son lieu de la qualité susdite & rendra compte conjointement auec les Jurez, lequel sera examiné par l'assemblée generale qui sera faite pour cet effet & tenu clos & arresté par douze Maistres en cas qu'il ne s'y en rencontre dauantage.

3.

Si vn Maistre de ladite Communauté desire auoir & obliger vn Preuost qui puisse paruenir à la Maistrise, ledit Maistre sera obligé d'aller en personne auec ledit Preuost aux logis des Jurez & du Garde, pour leur certifier que celui qu'il veut obliger est de bonnes mœurs & de bonne vie, qu'il est de la religion Catholique, Apostolique & Romaine, dont il fournira acte baptistere du lieu ou il aura esté baptisé, & natif du Royaume de France, selon & au desir des Priuileges qu'il a pleu aux Roys de donner en faueur de cet Art comme il se voit plus amplement par iceux : Ce qu'estant verifié par ledit Maistre & vn respondant digne de foy, ledit Preuost sera obligé selon le stile & la forme prescrite dans le liure de ladite Communauté, lequel pour cet effet sera apporté par ledit Garde au lieu ou se passera ledit obligé, & payera ledit Preuost dix-huict liures à la boeste de ladite Communauté, auec les droicts & les gands aux Jurez & au Garde d'icelle, sans que ledit Preuost puisse porter l'espée, que deux années apres la passation dudit obligé.

4.

Que si quelque Preuost se desbauche du seruice qu'il doit à son Maistre, il sera réprimandé par lesdits Jurez & le Garde à la première plainte que sondit Maistre leur en fera, laquelle sera escripte sur le liure de ladite Communauté, & signée dudit Maistre, des Jurez & du Garde, & à la seconde plainte ledit Preuost sera descheu de la Maistrise et son Breuet cassé & annullé, par deuant Monsieur le Procureur du Roy au Chastelet; & deffendu à quelqu'autre Maistre que ce soit de l'obliger & prendre pour son Preuost à peine d'amende & de nullité dudit Breuet d'apprentissage,

Et pour empescher le désordre qui arriue de la liberté que les Preuosts prennent de leur authorité de faire des assemblées, tant dans les maisons particulieres que dans les Salles communes desdits Maistres; il est deffendu ausdits Preuosts de faire de telles assemblées, sinon vn seul Preuost auec les Escoliers de sondit Maistre lequel pourra aller chez vn autre Maistre pour s'exercer contre le Preuost de ladite Salle ou les escoliers d'icelle, en cas qu'il n'y eust desja vn autre Preuost entré deuant luy, & sera ledit Preuost en telle rencontre obligé de se retirer ou attendre que l'autre en soit sorty auparauant d'y pouuoir entrer, à peine au Maistre de ladite Salle de trente liures d'amende, & audit Preuost contreuenant de perdre le temps qu'il aura desja fait, pour la premiere fois qu'il aura contreuenu : Et à la seconde il sera descheu de la Maistrise des Armes, & son Breuet d'apprentissage declaré nul.

5.

Qu'aucun Maistre ne pourra obliger qu'vn seul Preuost à la fois, ny mesme en prendre aucun qui auroit esté obligé à vn autre pour paracheuer son temps, sinon en cas de mort du Maistre dudit Preuost, & en cas que quelque Preuost quitte sondit Maistre pour battre la campagne sans son consentement par escrit deuant Notaire, ledit Preuost sera exclus de la Maistrise, & en cas qu'il reuienne et qu'il obtienne pardon de sondit Maistre le temps qu'il aura desia fait sera compté pour nul & s'obligera de nouueau les six années portées par les priuileges de la Communauté.

6.

Le temps porté par l'obligé estant expiré & bien & deüment quittencé par le Maistre du Preuost qui se presentera à la Maistrise, il fera parestre encore aux Jurez & au Garde des Ordres son acte baptistere afin de verifier s'il à l'age de vingt-cinq ans accomplis, auquel age il peut estre receu s'il est capable & non autrement, ce qu'estant verifié sondit Maistre le presentera à l'assemblée generale qui sera convoquée pour cet effet, & la son breuet examiné & verifié, il luy sera ordonné le temps auquel il pourra estre receu à l'experience, & donné aduis à six Maistres derniers receus de se tenir prets & en exercice pour cet effet, & en cas que quelqu'un d'iceux fust malade ou absent, il en sera esleu vn autre en sa place, pour parfaire ledit nombre de six, auxquels sera donné par ledit aspirant la somme de vingt liures tant pour frayer aux despens des lieux & fleurets qu'il leur conuiendra auoir, dans lesquels lieux les Jurez, ledit Garde, & deux anciens se transporteront pour juger des deux qui seront le mieux en exercice pour commencer ladite expérience quand il leur sera ordonné, sans que les autres y puissent trouuer rien à redire.

7.

Les Jurez, le Garde & le Maistre qui conduira ledit aspirant à la Maistrise seront obligez trois ou quatre iours deuant celuy de ladite experience, d'aller au logis de Monsieur le Procureur du Roy, pour sçauoir de luy s'il aura agreable de se transporter au lieu de ladite experience & donner le iour & l'heure de sa commodité aux Jurez et Garde seulement, lequel ne sera reuelé à l'assemblée ny audit aspirant, que le iour qui precedera ladite experience, afin desuiter aux desordres qui peuuent arriuer en telles occasions & assemblées : dans laquelle il ny entrera que des Maistres & Fils de Maistres & ceux qu'il plaira audit sieur Procureur du Roy; Et deffences à tous Maistres en faits d'Armes d'en faire entrer d'autres à peine de vingt liures parisis d'amende applicable moitié à la boeste de la Communauté & l'autre aux pauures ou aux œuures pies : Comme aussi si quelqu'un desdits Maistres, par mespris ou autrement manque de se trouuer aux assemblées où il sera appellé pour les affaires d'icelle Communauté, il payera ladite amende pour la première fois en cas qu'il soit absent ou n'enuoye ses excuses. Et pour la seconde, il luy sera declaré que s'il n'y veut plus venir, il sera exclus de pouuoir cy-apres obliger aucun Preuost & enioint aux Jurez & au Garde de tenir la main à l'execution du present article à peine d'en respondre en leurs propres & priuez noms & de cent liures parisis d'amende enuers les pauures & de nullité dudit obligé.

8.

Le jour precedant ladite experience, ledit aspirant

conduit par sondit Maistre ou autre hors de rang de faire assaut ira chez tous les Maistres de ladite Communauté pour les prier de se trouuer au lieu designé pour ladite experience, où attendant Monsieur le Procureur du Roy, s'il se trouve quelque fils de Maistre ayant l'age de 18. ou 20. ans capable de faire assaut, ledit aspirant sera tenu de faire auec eux de l'espée seule & leur donner à chacun vne paire de gands de daim, de la valeur de 60. sols chacune : & desliurera entre les mains des Jurez & du Garde les deniers que les autres Maistres ont donné en semblable occasion, qui seront mis dans la boeste de la Communauté, pour subvenir aux affaires d'icelle; Dans laquelle boeste entrera aussi la moitié de tous les droits deubs aux Maistres, hors ceux des Jurez & du Garde : Lesquels droicts il donnera ausdits Maistres, Jurez et Garde conjointement auec ceux de Monsieur le Procureur du Roy, auec les gands accoutumez; ainsi qu'il est porté par l'ordre cy-attaché, signé & omologué, ou besoin a esté.

9.

Ledit aspirant fournira deux espées de la valeur de vingt-cinq liures chacune, pour les prix qui seront adiugez à ceux qui donneront en l'experimentant le plus proche du cœur : sçauoir, l'vne pour l'espée seule, & l'autre pour l'espée et le poignard, & ne pourra celuy qui aura gagné le prix de l'espée seule, aspirer au prix de l'espée et du poignard, afin que l'honneur soit partagé à deux : **Pour maintenir lequel Ordre le Garde sera tenu de porter l'original desdits Statuts & Priuileges & les mettre deuant Monsieur le Procureur du Roy, lequel sera supplié par tous les Maistres de tenir la main à l'obseruation d'iceux. Cela fait ledit aspirant sera presenté par sondit Maistre à l'assemblée des anciens, lesquels le remettront entre les mains des Jurez qui le presenteront audit sieur Procureur du Roy, & luy nommeront, en leurs consciences & par serment si besoin est, les deux Maistres des six qui doiuent faire, qui seront le mieux en exercice pour faire ladite experience sans auoir esgard, comme dit est, à l'ordre de leur reception, afin d'esviter toute tromperie & collusion.**

10.

L'ordre donné par Monsieur le Procureur du Roy ou des Jurez & anciens, au deffaut d'iceluy, de commencer ladite experience, ledit aspirant sera tenu de la faire de 3. sortes d'Armes, contre six Maistres, ainsi qu'il est dit : C'est à sçavoir ; de l'espadon, de l'espée seule, & de l'espée & du poignard. Et pour les autres armes comme de la halebarde & le baston à deux bouts il en sera exempté quand à l'assaut d'icelles, & non d'en faire deuant ladite assemblée desdits Maistres, afin de faire paroistre seulement son adresse. Que s'il est battu franc de deux bottes de l'espée seule par celui qui l'experimentera le premier & que le second le batte aussi franc de deux bottes, il sera renuoyé à l'escole sur le champ,

& en presence de mondit sieur Procureur du Roy, pour le temps que les Jurez, le Garde, les anciens & toute l'assemblée desdits Maistres iugerons à propos, sans qu'il puisse repetter les frais qu'il aura faits pour cet effet, sinon les deniers qu'il est obligé de fournir pour les droicts de sa reception, lesquels lui seront rendus sur le champ en rendant la quittence qu'il aura des Jurez. Que si en faisant ladite experience on se donne tous deux de mesme temps, cela sera compté pour nul de part & d'autre & sera recommencé et continué iusques à ce que l'vn ou l'autre ayent donné ou receu les deux bottes franches.

11.

Apres que ledit Preuost aura fait ladite experience, s'il est jugé capable par toute la Communauté, il prestera le serment par deuant Monsieur le Procureur du Roy du Chastelet & le lendemain ira, auec sondit Maistre le remercier de son assistance, comme aussi les Jurez & le Garde de ladite Communauté.

12.

Si quelque fils de Maistre desire se faire receuoir, il fera paroistre aussi par son extraict baptistere s'il est agé de 22. ans accomplis, auquel temps il peut estre receu & non a plus bas age, & fera l'experience que dessus sans esperer autre faueur, sinon en deniers seulement, excepté les droicts des Jurez & du Garde, & des gands accoutumez tant à eux qu'à tous les Maistres, & payera à la boeste de ladite Communauté ce que les autres fils de Maistres ont cy-deuant payez : Et fournira les 2. espées du mesme prix chacune que les autres Maistres ont fournies, & donnera aussi les droicts de Mr le Procureur du Roy, & prestera pareillement le serment pardeuant luy, s'il est jugé capable de la Maistrise dudit Art.

13.

Les veufues des Maistres n'auront aucun pouuoir ny Priuileges après le deceds de leurs maris pour faire enseigner cet Art, & les Preuosts qui se trouueront chez lesdites veufues alors dudit deceds se retireront vers les Jurez & le Garde, lesquels seront tenus de leur donner vn autre Maistre, pour acheuer le temps porté par leur Breuet d'apprentissage.

On a obmis; que si ledit Preuost ne peut trouuer aucun Maistre qui le veuille prendre à cause que tous auroient des Preuost, qu'il fut loisible, en tel cas, à celuy des Maistres qui le voudroient auoir de le prendre pour acheuer sondit temps : Comme cela est arriué durant la Jurande de la Frenays & Regnard, en l'année 1645. estant lors Procureur du Roy Mr Bonneau, qui donna vne Sentence qu'vn nommé de l'Isle acheueroit son temps chez le premier des Maistres qui le desireroit, nonobstant qu'il eust vn Preuost. Ce que les Jurez cy-

dessus & le Garde accepterent le 24. juillet de ladite Année 1645. au nom de ladite Communauté, dont telle Sentence doit passer pour loy estant de Justice.

14.

Si quelque Maistre dudit Art pour affaires particulieres, maladie ou autre accident estoit contrainct de quitter ou abandonner ledit Art, & sadite Salle, il pourra durant ladite maladie ou accident (pouruen que ce ne fut pour aucune mauuaise action) faire tenir sadite Salle & exercer ledit Art par son Preuost, son Fils, ou au deffaut de l'vn ou de l'autre, par personne capable d'enseigner. Et quand aux affaires particulieres hors la maladie ou autre accident, ledit Maistre pourra s'absenter & faire tenir sadite Salle, comme dit est, vn an & trois mois seulement, au bout duquel temps, s'il ne reuient en personne occuper lesdits lieux & enseigner luy-mesme ledit Art, les Jurez & le Garde seront obligez de faire fermer ladite Salle, & d'empescher d'y monstrer ny enseigner aucunement. Que si c'estoit pour exercer quelque Office qui derogeast à la Noblesse & dignité dudit Art, il sera non seulement contraint de fermer sadite Salle si tost qu'il sera admis à iceluy Office derogeant; mais aussi renoncer à cette profession, fors & excepté s'il estoit pourueu de quelque charge ès Maisons du Roy, de la Reyne ou des enfans de France.

15.

Les susdits Jurez & le Garde precederont tous les autres Maistres aux assemblées touchant les affaires de la Communauté, & marcheront, & donneront leurs voix selon l'ordre & ancienneté de leur reception, & auront pouvoir de mener aux visites (qui leur conuiendra faire de temps en temps pour le seruice de la Communauté) tels Maistres qu'ils jugeront à propos, à peine d'amende contre lesdits refusans.

16.

Tous lesquels Statuts & articles cy-dessus ; Nous Maistres sous-signez, promettons & jurons de les obseruer de point en point sans y contreuenir en aucune maniere que ce soit : Et supplions Monsieur le Procureur du Roy de nous y maintenir sans que pour quelque cause & occasion que ce soit il y puisse estre en aucune façon desrogé.

En tesmoin dequoy nous auons tous signé ces presentes de nos seings accoustumez ; estans lors Jurez dudit Art pour la deuxiesme fois ; les Sieurs de la Frenays & Regnard : Et pour Garde des Ordres de ladite Communauté, le sieur de S. André. Fait à Paris ce 12ᵉ jour de May 1644. Ainsi signé, Le Bret Frenays, Regnard, S. André, Vincent S. Ange, Valet, Deriencourt, Langlois, du Roché, le Cocq, Marres, Moussard, Philebois,

Papillon, Mongin, du Cornet, Lhuyllier, Papillon, & Vignal.

Lesdits Statuts & Reglemens cy-dessus transcrits ont estez homologuez, ce requerant le Procureur du Roy, & registrez au Registre de l'Audience de la Chambre Ciuile & Police du Chastelet de Paris, par moy sous signé Doyen des Greffiers de ladite Chambre, en consequence de la Sentence renduë par Monsieur le Lieutenant Ciuil, le cinquiesme Nouembre gbj°.xliiij. fait ledit an & jour ci-dessus.

Signé : HUBERT.

LETTRES PATENTES

(Décembre 1567)

CHARLES PAR LA GRACE DE DIEU roy de France, à tous présens et à venir, salut.

Humble supplication de nos bien amez joueurs et escrimeurs d'espée en nostre ville de Paris avons receue contenant que le quinziesme Janvier dernier ils nous présentèrent requeste à ce qu'il nous plust autorizer et omologuer les articles et statuz, en ce qui concerne leur estat, cy attachés soubz le contre scel de nostre chancelier, par eux dressés pour le regleman dicelluy, laquelle requeste eussions des lors renvoyée au prévost de Paris ou son lieutenant pour, appellé nostre procureur, nous donner et envoyer avis sur le contenu d'icelle, pour, iceluy veu, pourveoir aux supplians ainsi que de raison ; a quoi auroict été procédé et le dict advis a nous renvoyé, aussi y attaché et nous requerans très-humblement les dits supplians leur pourveoir, sur l'omologation des dits articles et statuz de nos lettres nécessaires.

Scavoir faisons que après avoir entendu en nostre conseil la dicte requeste articles et statuz, ensemble les dicts advis y attachés comme dict est, avons, de l'advis de nostre conseil en tant que a nous est, touche et peut toucher, iceux statuz et articles autorisez, confirmez, omologuez et approuvez, confirmons, omologons voulons et autorisons et nous plaist qu'ils soient entretenuz gardez et observez sans les enfraindre selon qu'il est contenu par le dict advis tout ausi que s'ilz avoient esté par nous faictz concédez et octroiez.

Cy donnons en mandement à nos amez et feaux les gens tenans nostre court de Parlement à Paris, prévost du dict lieu et son lieutenant et à tous nos aultres substituts et officiers qu'il appartiendra, que, les dictes presentes ensemble les dicts articles statuz et advis ils facent lire publier et enregistrer, entretenir garder et observer de poinct en poinct selon leur forme et teneur.

Cessans et faisans cesser tous troubles et empeschements à ce contraires, oppositions et appellations quelzconques et sans préjudice d'icelles, pour lesquelles ne voulons être différé. Car tel est nostre plaisir, et afin que ce soit chose ferme et stable à tousjours, nous avons faict mettre nostre scel à ces dictes présentes sauf en aultres choses nostre droit et l'aultruy en toutes.

Donné à Paris au mois de Décembre, l'an de grâce mil cinq cens soixante-sept, de nostre règne le septiesme.

Ainsi signé sur le reply

Par le roy en son conseil
CHARLES

et à côté : *visa contentor*

THIELEMENT

et séellées sur laz de soie rouge et vert en cire vert du grand seel.

Registré oï le procureur général du Roy comme il est contenu au registre de ce jour. A Paris en parlement le vingt-septiesme jour de janvier mil cinq cens quatre-vingt-six.

Signé : DU TILLET

Collation a esté faite sur l'original rendu.

LETTRES PATENTES

(Décembre 1585)

HENRY PAR LA GRACE DE DIEU, roy de France et de Pologne à tous presens et advenir, salut.

Nos chers et bien amés les maistres en fait d'armes, d'expérience et chef d'œuvre du jeu de l'escrime, en ceste notre bonne ville de Paris nous ont fait remonstrer que le feu roy Charles dernier décédé, nostre très chier seigneur et frère, que Dieu absolve, par ses lettres patentes en forme de Charte du mois de Décembre mil cinq cens soixante sept auroict pour les causes y contenues, confirmé, omologué et approuvé les articles et statuz du dict estat du jeu d'escrime et lesquels ils ont depuis entretenuz gardez et observez, comme ils font encore à présent. Mais d'autan qu'aucuns des articles, même le second et septième faisant mantion ascavoir le dict premier : « que celui qui voudra parvenir à la dite maistrise sera tenu servir ung des maistres deux ans seullement de prévost ou garde salle et le dict septiesme « de la permission donnée aux veves des maistres décédés, de faire tenir salle durant leur viduité » sont deffectueux et sont arrivés de grands inconveniens par l'observation et l'entretenement d'iceux, d'aultant que le temps de deux ans, limite pour demeurer prévost ou garde salle ne suffit pour acquérir la dextérité requise en cet art qui est de la conséquence et importance que chacun scait et d'ailleurs lesdites veves sous prétexte de cette permission a elles données font enseigner le dict jeu d'escrime en leurs salles par aucuns qui ne sont maistres ni bien expérimentez au dict art, et d'ailleurs se trouvent aucuns qui font profession de monstrer aux fauxbourgs et par aucunes maisons de la ville sans estre maistres d'expérience et chef d'œuvre.

Pour à quoy remédier, retrancher le mal qui en est advenu et l'éviter à l'advenir, seroict besoing en confirmant les autres statuz du dict art, en réformant les dessus dits, ordonner que ceux qui vouldront cy-après parvenir à la dicte maistrise seront tenuz de servir ung maistre de prévost ou garde salle pendant quatre ans durant, que les vefves des maistres décédez et qui décéderont ne pourront plus tenir salle et que nul ne pourra monstrer le dict art en la dicte ville et faux-bourgs s'il n'est maistre d'expérience et chef d'œuvre sur les peines portées par le huictiesme des dicts articles et statuz, ce que les dicts exposans nous ont très humblement supplié et requis faire tant pour la bonne instruction et condition de la jeunesse au faict des armes, conservation d'icelles, que pour l'honneur et réputation des dicts maistres et sur ce leur faire expédier nos lettres nécessaires.

Scavoir faisons que nous, ces choses considérées, voulant pourveoir à ce que dessus, comme à chose nécessaire et importante après avoir faict veoir à nostre conseil les dicts statuz et la confirmation d'iceux par nostre feu seigneur frère, de l'advis d'iceluy et de nos certaine science, plaine puissance et auctorité royale, avons confirmé et confirmons par ces présentes les dicts anciens statutz et articles du dict art et jeu d'escrime, excepté ce qui concerne les dicts second septiesme et huictiesme articles sur les quels avons déclaré et déclarons que ceux qui vouldront parvenir à la dicte maistrise seront tenuz servir de prévost ou garde salle l'ung des maistres quatre ans durant, que les veves des maistres décédez ou qui décéderont ne pourront tenir salle ne monstrer ou enseigner le dict art en ceste dicte ville et faux-bourgs de Paris en salle ou chambre, qu'il ne soit maistre d'expérience et chef d'œuvre et ce sur peine de cent solz tournois d'amande a l'encontre des chacuns y contrevenans aplicables moictié à nous, moictié aux gardes du dict art, et au surplus voullons les dicts articles estre avec ceste présente déclaration et confirmation, entretenuz, gardez, suiviz et observez inviolablement de poinct en poinct selon leur forme et teneur pour en joïr par les dicts supplians comme ils en ont cy devant bien et deumen joï et usé, joïssent et usent encore de présent.

Cy donnons en mandement à nos amez et féaux les gens tenans notre court de Parlement de Paris prevost du dict lieu ou son lieutenant et à tous nos autres justiciers et officiers qu'il appartiendra le contenu en ceste nostre présente confirmation et réformation des statuz du dict art et jeu d'escrime faire lire, publier et enregistrer et du contenu faire joïr et user les dicts maistres plainemen et paisiblemen, contraignons à ce faire, souffrir et entretenir tous ceulx qu'il appartiendra et pour ce faire à contraindre par toutes voies et manières deues et raisonnables nonobstan opposition et appelation quelzconques pour les quelles, et sans préjudice d'icelles ne voullons être différé. Car tel est nostre plaisir, nonobstan aussi quelzconques autres ordonnances, lettres et choses à ce contraires, aux quelles nous avons dérogé et dérogeons et aux dérogatoires des dérogations y contenuz.

Et afin que ce soit chose ferme et estable à toujours, nous avons faict mettre notre seel à ces présentes, sauf en autres choses notre droit et l'aultruy en toutes.

Donné à Paris au mois de Décembre l'an de grâce mil cinq cens quatre vingt cinq et de notre regne le douziesme.

HENRY.

Ainsi signé sur le reply

                Par le roy en son conseil,
                    POTIER.

Et à coté :   *visa contentor,*
                    POUSSEPIN.

Scellé sur laz de soie rouge et vert en cire vert du grand seel.

Registré oij le procureur général du roy comme il est contenu au registre de ce jour, à Paris en Parlement le vingt septiesme jour de Janvier mil cinq cens quatre vingt six.   *Signé ;* DU TILLET.

Collation a esté faite sur l'original rendu.

                        DU TILLET.

LETTRES PATENTES

(Mars 1635)

LOUIS, par la grâce de Dieu, Roy de France et de Navarre à tous présens et advenir salut.

Nous savons combien il est important pour la sureté de nostre estat, pour la discipline militaire et pour le repos public que les gentils hommes ou autres de condition roturière qui veulent faire profession des armes, reçoivent les premiers préceptes, instructions et adresses pour le maniement d'icelles, des maistres qui sont non seulement bien expérimentés au faict d'armes, mais encore qui soient de bonne vie, mœurs et conversation religieuse catholique, apostolique et romaine et bien affectionnez à nostre service et que c'est ce qui auroict meu les rois nos prédécesseurs à faire plusieurs statuz et ordonnances pour estre gardées et observées par les dicts maistres et spécialement le roy Henry troisiesme lequel par ses Lettres patentes en forme de charte du mois de décembre

1585, réformant les anciens statuz et ordonnances du dict art pour éviter aux grands inconvéniens qui estoient arrivez de la liberté que les veves des dicts maistres avoient de faire enseigner le dict art et exercice des armes, et de ce que chacun pouvoit parvenir à la dicte maistrise après deux ans d'apprentissage, voulut et ordonna que doresnavant les dictes veves ne pourroient faire enseigner le dict art ni tenir salle pour cest effet, et que nul ne pourroit parvenir à la dicte maîtrise qu'au préalable il n'eust servi les dits maistres de prévost ou garde salle l'espace de quatre ans entiers et qu'il n'y pourroit estre receu qu'après avoir faict bonne et suffisante expérience et chef-d'œuvre et qu'au préjudice de ce, un nommé Étienne Lasset s'estant voulu introduire à la dicte maistrise sans avoir servy les dicts maistres, faict expérience ni chef-d'œuvre en vertu de certaines lettres de maistrise par lui obtenues, le dict seigneur par autres ses lettres patentes du mois de juing 1586 ordonne que nul ne seroit receu maistre au dict art qu'il n'aye préalablement fait le dict apprentissage et bien expérimenté en iceluy quelques lettres de maistrise qu'il puisse avoir obtenues par surprise ou autrement les quelles ansanble toutes celles qu'on pourroit par après obtenir le dict seigneur par ses dictes lettres casse, révoque et annule, ce qui est pareillement confirmé par autres lettres patentes du feu roy Henry le Grand, nostre très honoré seigneur et père, du mois de décembre 1588 et même que par arrest de nostre cour de Parlement du 12 août 1621, fut ordonné que le nommé Banvarelle pourveu par lettres de la maistrise en faict d'armes ne seroit receu en icelle qu'après avoir fait expérience avecque six maistres et quatre sortes d'armes. Toutes les quelles observations nous estimons d'autant plus nécessaires et importantes, qu'au moyen d'icelles tous ceux qui parviendront à la dicte maistrise seront d'aultant plus habiles et expérimentez et nous aurons en iceulx une plus grande confiance pour l'instruction et éducation de ceulx qui vouldront savoir la profession des armes, lesquelz estant formez par le bon exemple, bonne vie, mœurs, conversation, fidellité et affection à nostre service, les dicts maistres nous serviront avecque plus de capacité, affection et fidellité que s'ils avoient esté institués, adressés par personnes estrangières, de mauvaise vie et conversation, subjectz ou pensionnaires des princes ennemis de nostre couronne qui se pourroient introduire en la dicte maistrise soubz prétexte des lettres qui sont créées pour les joieux avènements, naissances, mariages ou titre des enfants de France et par ce moyen prenant une grande ordinaire fréquentation avecque la noblesse et aultres gens propres à porter les armes au moyen des assemblées qui se font journellement chez eulx pourroient par mauvaises pratiques et menées les destourner du service et fidellité qu'ilz nous doivent, à la recherche des quelles lettres les dicts estrangers ou aultres gens non expérimentez et de mauvaise vie se rendroient d'aultant plus curieux qu'au moyen du grand soin, travail et diligence des maistres à present exerçans en nostre bonne ville de Paris, exercice et expérience des armes y est venu à ung tel degré de perfection qu'au lieu que par le passé nos subjectz avoient accoustumé d'aller dans les pays estrangiers pour y apprendre le dict exercice et maniement des armes, après les estrangiers sont contrainctz de venir en France pour cet effect.

A CES CAUSES, nous à l'example de nos prédécesseurs désirant pourveoir à ce que telz inconvéniens ne puissent arriver, nous estant faict representer en nostre conseil les dictes lettres et arrest ensanble celles données en faveur des maistres apoticaires, barbiers, chirurgiens, orfebvres, maistres des monnoies, pelletiers, bonnetiers et escrivains par lesquels les dicts arts et métiers sont exceptés de la création des dictes lettres de maistrise, et considérant le peu d'importance d'iceulx qui ne concernent que les personnes singulières de nos subjectz au regard du dict art et maistrise en faict d'armes et jeu d'escrime qui concerne le repos public, la discipline militaire et la conservation de nostre estat, AVONS de l'advis de nostre dict conseil et de nostre grâce espéciale plaine puissance et auctorité royale, dict, ordonné et déclaré, disons, ordonnons et déclarons, voullons et nous plaist que doresnavant et à tousjours nul ne puisse montrer ou enseigner le dict art et exercice d'armes et jeu d'escrime en cestuy nostre royaulme et spécialement en nostre ville et faulx bourgs de Paris, en salle, chambre ou aultrement s'il n'est maistre d'expérience et chef-d'œuvre, nonobstant toutes lettres de maistrise pour quelque cause ou occasion qu'elles soient ou puissent estre créées soit pour joieux avènement, naissance, mariage, tiltre des enfans de France ou aultrement, en quelque sorte et manière que ce soit, de la création, don, octroy ou succession desquelles avons excepté, exceptons et réservons par ces présentes le dict art et maistrise en faict d'armes et jeu d'escrime, en la même forme et manière que les dicts maistres apoticaires, barbiers, chirurgiens, orfebvres, maistres des monnoies, pelletiers, bonnetiers et écrivains, en sont exempts et reservés, et ou aucunes des dictes lettres se trouveroient expédiées, en vertu des édictz cy-devan faictz et celles que par surprise ou aultrement pourroient estre cy-après expédiées, mesme celles expédiées en faveur du tiltre de la duchesse de Savoye, acquis à nostre très-chiere et très-amée sœur, Christine de France, par nostre édit du mois de Décembre mil six cens trente-trois, nous ne voullons avoir lieu pour le dict art et maistrise en faict d'armes et jeu d'escrime, en tand que besoing seroit les avons cassés revoqués et annullés et par ces présentes les cassons revoquons et annullons, deffendons à tous nos juges et officiers d'y avoir aucun egard et aux dicts scindicqz jurez maistres ausdict fait d'armes, de recevoir et admettre aucun en la dicte maistrise en vertu des dictes lettres, à paine de cassation et nullité des réceptions et de trois mille livres d'amande contre ceulx des dicts syndicqz, jurez et maistres qui auront favorisé ou proceddé à leur réception.

CY DONNONS EN MANDEMENT à nos amez et feaulx les gens tenant nostre cour de Parlement à Paris, prévost du dict lieu, baillis du palais ou leur lieutenant et à tous nos aultres justiciers et officiers qu'il appartiendra que ceste nostre présente déclaration, ils aient à faire lire publier et enregistrer es registres de leurs cours, juridictions, icelles entretenir garder et observer inviolablement, sans souffrir qu'il y soit contrevenu, contraignans à ce faire souffrir et obeir tous ceulx qu'il appartiendra par toutes voyes deues et raisonnables nonobstant oppositions et appellations quelzconques pour lesquelles ne voullons estre différé. CAR TEL EST NOSTRE PLAISIR, nonobstant aussy touttes autres ordonnances, édiz, lettres ou autres choses généralement quelzconques à ces présentes contraires, aux quelles et aux dérogatoires y contenues, nous avons dérogé et dérogeons par ces présentes signées de nostre main, et afin que ce soit chose ferme et estable à tousjours, nous y avons faict mettre et apposer nostre seel, sauf en aultres choses nostre droit et l'aultruy en touttes.

DONNÉ à Chantilly au mois de mars l'an de grâce mil six cens trente-cinq.

Signé : LOUIS.

et sur le reply

Par le roy

DE LOMENIE.

et scellé du grand sceau de cire verte et lacz de soye rouge et verte

Registré oï le procureur général du roy, pour estre exécuté selon leur forme et teneur, à Paris, en Parlement, le vingt-uniesme jour de janvier, mil six cens trente-six.

Signé : DU TILLET.

Collation faicte à l'original.

GUYET.

LETTRES PATTENTES

(Septembre 1643)

Louys par la grace de Dieu, Roy de France & de Nauarre. A tous present & aduenir, Salut : Nous auons receu l'humble supplication de nos bien-aymez les Jurez & Maistres Tireurs d'Armes de nostre bonne Ville de Paris; Contenant, que les Roys, nos predecesseurs, recognoissant combien il est important pour la seureté de nostre Estat, pour la discipline militaire, & pour le repos public, que les jeunes Gentilshommes ou autres de condition roturiere qui veullent faire profession des Armes, reçoiuent les premiers preceptes, instructions & adresse, pour le maniement d'icelles, des Maistres qui soient non seulement bien experimentez aux faicts d'Armes, mais encores qu'ils soient de bonne vie, mœurs, conuersation, religion Catholique Apostolique & Romaine, & bien affectionnez à nostre seruice : Auroient faicts plusieurs Statuts et Ordonnances, pour estre gardées et obseruées par lesdits Maistres & specialement le Roy Henry troisiesme, lequel par ses Lettres Pattentes, en forme de chartre, du mois de Decembre 1585, reformant les anciens Statuts et Ordonnances dudit Art, pour éuiter aux grands inconueniens qui estoient arriuez de la liberté que les Veufues auoient de faire enseigner ledit Art & exercice des armes & de ce que chacun pouuoit paruenir à la Maistrise. apres deux ans d'apprentisage : Auroit ordonné que doresnauant les Veufues ne pourroient faire enseigner ledit Art, ny tenir Salle pour cet effet : et que nul ne pourroit paruenir à ladite Maistrise, qu'au prealable il n'eust seruy les Maistres, de Preuost & Garde-Salle, l'espace de quatre ans entiers, & qu'il ne pourroit estre receu qu'après avoir fait bonne & suffisante experience & Chef-d'œuure. Et sur ce qu'un nommé Estienne Lasset se seroit voulu introduire à ladite Maistrise, sans auoir seruy lesdits Maistres, fait experience ny Chef-d'œuure en vertu de certaines Lettres de Maistrise par luy obtenuës. Ledit Seigneur auroit dit par autres ces Lettres Pattentes du mois de juin 1586, que nul ne seroit receu Maistre audit Art, qu'il n'eust prealablement fait ledit apprentissage, & fust bien experimenté, quelques Lettres de Maistrise qu'il pût auoir obtenuës par surprise ou autrement, lesquelles, ensemble toutes celles qu'on pourroit par apres obtenir il auroit cassées, annulées & reuoquées, ce qui auroit esté confirmé par autres Lettres Pattentes du feu Roy Henry le Grand d'heureuse memoire du mois de Decembre 1588. & en consequence nostre Cour de Parlement de Paris, par Arrest du douziesme Aout 1621. auroit ordonné, que le nommé Banuarelle pourueu par lettres de Maistrise en faits d'Armes, ne seroit receu en icelle qu'après auoir fait experience auec six Maistres de quatre sortes d'armes. Touttes lesquelles obseruations le feu Roy Louys le Juste nostre tres-honoré Seigneur & Pere, que Dieu absolue, auroit estimez dautant plus necessaire et important, qu'au moyen d'icelles tous ceux qui paruiendroient à ladite Maistrise seroient indubitablement plus habiles & experimentez & qu'on auroit en iceux vne plus grande confiance pour l'instruction & education de ceux qui voudroient suiure la profession des Armes, lesquels estans formez par leur bon exemple seruiroient avec plus de capacité affection & fidelité que s'ils estoient instruits et dressez par personnes non experimentez, de mauuaise vie & conuersation; estrangers, sujets ou pensionnaires des Princes ennemis de nostre Couronne qui se pourroient introduire en ladite Maistrise sous pretexte des Lettres, lesquelles ils rechercheroient d'autant plus, qu'au moyen du grand soin, travail, & diligence des Maistres exerçant en nostre bonne Ville de Paris, l'experience des Armes y seroit venuë à vn tel degré de perfection, qu'au lieu que par le passé nos subjets auoient accoustumé d'aller dans les pays estrangers pour y apprendre ledit exercice & maniment des armes, les estrangers sont contraincts de venir en France pour cet effect, pourquoy et autres pressantes considerations, nostre dit Seigneur & Pere apres s'estre fait representer en son Conseil lesdites Lettres & Arrests : ensemble celles données en faueur des Maistres Appoticaires, Barbiers, Chirurgiens, Orpheures, Maistres des Monnoyes, Pelletiers, Bonnetiers & Escriuains, par lesquelles tels Arts & Mestiers sont exceptez de la creation desdites Lettres de Maistrises; & considerant le peu d'importance d'iceux, qui ne concernent que des personnes singulieres de ses Subjets au regard dudit Art & Maistrise en faits d'Armes, qui concerne le repos public, la discipline militaire, & la conseruation de l'Estat, auroit par l'aduis de son Conseil par ses Lettres Pattentes du mois de Mars 1635 pareillement confirmé lesdits Statuts & reglemens, & ordonné que nul ne pourroit doresnavant & à tousjours monstrer & enseigner ledit Art & exercice des Armes en cestuy nostre Royaume & specialement en nostre Ville & Faux-bourgs de Paris, en Chambre et Salle, s'il n'estoit Maistre d'experience & Chef-d'œuure, nonobstant toutes lettres de Maistrise pour quelque cause ou occasion qu'elles fussent ou pussent estre creés, soit pour joyeux auenemens, naissances, mariages, titres des enfans de France, ou autrement, en quelque sorte et maniere que ce fust, de la creation, don, octroy ou concession desquelles il auroit exempté & reserué ledit Art & Maistrise en faits d'Armes, & ou aucunes desdites Lettres se trouueroient expediées en vertu d'Edicts, et celles qui par surprise ou autrement pourroient à l'aduenir estre accordées, mesmes celles expediées en faueur du titre de Duchesse de Sauoye, acquis à nostre tres chere & tresamée Tante Christine de France, par Edict du mois de décembre 1633. lesquelles il n'auroit voulu auoir lieu, pour ledit Art et Maistrise en faits d'Armes & en tant que besoin seroit, icelles cassées annullées et reuoquées, et deffendu à tous Juges & Officiers d'y avoir aucun esgard & ausdits Scindics, Jurez et Maistres audit fait d'Armes de recevoir et admettre aucun à ladite Maistrise en vertu desdites Lettres à peine de cassation & nullité desdites receptions, & de trois mil liures d'amende contre ceux desdits Scindics, Jurez et Maistres qui auroient fauorisé ou procédé à ladite reception. En consequence dequoy les gens tenans les Requestes de nostre Palais à Paris, auroient par sentence des 18. Juillet, & 6 Octobre 1642. condamné Jean Pillard, Maistre Tireur d'Armes de nos Escuries, qui vouloit faire l'exercice dudit Art en nostre ville de Paris, suiuant les Lettres & Breuet de permission par luy obtenu de nostredit feu Seigneur & Pere, les 20 Auril 1637 & 12. Januier 1642, à faire fermer sa Salle, auec deffence de faire aucun exercice hors de nosdites Escuries : Et sur le refus, ordonné que ladite Salle seroit fermée par vn des Huissiers desdites Requestes, & les fleurets & autres vstensiles dudit Pillard saisis. Et nostre grand Conseil par Arrest du 30 Juin 1643. Faisant droict sur l'opposition, par lesdits Supplians à l'enterinement d'autres Lettres du 2 Novembre 1642. portant confirmation de ladite permission d'exercer par ledit Pillard ledit Art & tenir Salle ouverte en nostre Ville & Faux-bourgs de Paris, auroit ordonné que les susdites sentences des Requestes de nostre Palais de Paris seroient executées selon leur forme et teneur, & fait deffence audit Pillard, se s'ayder desdites Lettres, n'y tenir salle ouverte en nostre Ville & Faux-bourgs de Paris, lesquels Statuts, Reglemens, Arrests & Sentences nous estimons d'autant plus iustes & resonnables que c'est le vray moyen de conserver ledit Art dans la reputation, bonne estime & perfection auxquels l'execution & obseruation d'iceux l'ont fait paruenir. Pourquoy, lesdits Suppliants, nous ayant tres-humblement fait supplier leur en vouloir octroyer la confirmation, Nous voulons qu'ils soient entierement observez. A ces causes, Nous, à l'exemple de nos predecesseurs, desirant pouruoir à ce que les susdits inconueniens ne puissent arriuer & faire qu'il ne soit en façon quelconque contreuenu ausdits Statuts, Reglemens, Arrests, & Sentences : Auons de l'aduis de la Reyne Regente nostre tres-chere & tres-honorée Dame et Mere, de nostre Conseil & de nostre grace speciale, pleine puissance & authorité Royale, en confirmant de point en point lesdits Statuts, Reglemens, Arrests, Sentences et Pattentes cy-dessus mentionnez : Dit, ordonné et déclaré; disons, ordonnons et déclarons, voulons & nous plaist, que doresnavant & tousiours nul ne puisse montrer & enseigner ledit Art & exercice des Armes en cestuy nostre Royaume & specialement en nostre ville & Faux-bourgs de Paris, en Salle, Chambre ou autrement s'il n'a outre lesdits deux ans seruy lesdits Maistres Tireurs d'armes d'icelle pendant quatre ans de

Preuost & Garde-salle, fait experience & soit Maistre de Chef-d'œuure, nonobstant toutes Lettres de Maistrise pour quelque cause ou occasion que ce soit : Soit pour ioyeux auenemens, naissances, mariages, tiltres des enfans de France, don, gratification, recompense ou autrement en quelque sorte et maniere que ce soit, de la creation, don, octroy & concession desquelles nous auons exempté & réserué, exemptons et reseruons par les presentes ledit Art & Maistrise en faits d'Armes & ou aucunes Lettres se trouueroient expediées ou seroient à l'aduenir par surprise ou autrement, de quelque qualité & especes quelles soient, ne voulons icelles auoir lieu pour ledit Art & en tant que besoin seroit, les avons cassées annullées & reuoquées : Et par ces presentes les cassons, annullons & reuoquons & deffendons à tous nos Juges et Officiers d'y auoir aucun esgard & ausdits Scindies, Jurez & Maistres audit faits d'Armes, d'en recevoir n'y admettre aucun en ladite Maistrise en vertu desdites Lettres à peine de cassation & nullité d'icelles réceptions & de quatre mil liures d'amende. Si donnons en mandemens à nos amez et feaux les gens tenant nostre Cour de Parlement, nostre Grand Conseil, Preuost dudit Paris, Baillif du Palais ou leurs Lieutenans & à tous nos autres Justiciers et officiers qu'il appartiendra que cette presente nostre Declaration, ils ayent à faire lire publier & enregistrer és Registres de leurs Cours & Jurisdictions & icelle entretenir, garder & observer inuiolablement, sans souffrir qu'il y soit contreuenu : Contraignant à se faire souffrir & obeyr tous ceux qu'il appartiendra par toutes voyes deuës & resonnables, nonobstant oppositions ou appellations quelconques, pour lesquelles ne voulons estre différé. Car tel est nostre plaisir : nonobstant aussi toutes autres Ordonnances, Edicts, Lettres, ou autres choses generalement quelconques à ce contraires ausquelles & aux desrogatoires y contenuës, Nous y auons derogé & desrogeons par ces presentes signées de nostre main. Et afin que ce soit chose ferme & stable à tousjours, Nous y auons fait mettre & apposer nostre scel sauf en autre chose nostre droict & l'autruy en toutes. Donné à Paris au mois de Septembre, l'an de grace 1643, et de nostre regne le premier. LOUIS. Par le Roy la Reyne Regente sa Mere presente. — de Guenegaud.

Registrées, oüy le Procureur General du Roy, pour estre executées & jouir par les Impétrants de l'effet & contenu en icelles selon leur forme & teneur, & comme ils en ont cydeuant bien et deuement jouiz et usé, jouissent et usent encor à présent. A Paris, en parlement, le xiiij decemb. gbj^c. xliiij.

DU TILLET.

MAITRES D'ARMES DE PARIS

ARMOIRIES ACCORDÉES A LA COMPAGNIE

PAR LE ROI LOUIS XIV

(Mai 1656)

LETTRES PATENTES

(Mai 1656)

LOUIS, par la grâce de Dieu, Roy de France et de Navarre : A tous présens et à venir, Salut. Nos chers et bien amez Maîtres en Faits-d'Armes, qui sont au nombre de vingt-cinq en notre bonne Ville, Fauxbourgs et Banlieuë de Paris ; Nous ont très-humblement fait remontrer que les Rois nos Prédécesseurs, dans le dessein de reconnoître les avantages que la sûreté de l'État rencontre dans les emplois desdits Exposans, l'honneur que la discipline militaire reçoit par leurs adresses, et le repos que les Peuples ont perpetuellement ressenti par le moyen de leurs Instructions ; ils leur ont prescrit des Ordonnances et Statuts, même accordé plusieurs beaux et grands Privileges qui ont été par Nous confirméz lors de notre Avenement à la Couronne, par nos Lettres Patentes du mois de Septembre de l'année 1643, vérifiées en nôtre Parlement de Paris le 14 Décembre ensuivant. Mais comme la vertu est toujours combattue, et que leurs Privileges ont donné beaucoup de jalousie, aussi journellement on a voulu contester le rang de leur Profession, et les moins capables, faisans comparaison avec eux, les méprisent si fort, qu'ils ne les veulent pas connoître, de sorte qu'en exécution de l'ordre verbal de nôtre Conseil, ayant fait voir les emplois qu'ils ont jusqu'à présent glorieusement exercez dans les Armées, dans les Villes, à la Campagne et par tout ailleurs où les occasions les ont appelez; les Brevets que Nous leur avons accordé pour Nous montrer les Exercices, et à nos principaux Officiers et autres; les témoignages publics des Princes de Notre Sang et de toute la Noblesse, pour les avantages qu'ils ont reçûs de leurs Instructions; ils se sont pourvûs en Notre Conseil, et demandé à ce qu'ayant égard aux Ordonnances des Rois nos Prédecesseurs, et Lettres Patentes du mois de Septembre 1643, lesdits Exposans et leurs Successeurs auront Lettres de notre Procureur au Châtelet de Paris, dans lesquelles le mérite de ladite Profession sera exprimé; que les Syndics et Gardes en charge, et ceux qui parviendront au Syndicat et Garderie de ladite Profession après vingt années d'exercice actuel en nôtre dite Ville, Fauxbourgs et Banlieuë de Paris, à compter du jour de leurs Receptions, porteront la qualité de Nobles, et se communiquera à leurs descendans, sans qu'aucuns se puissent établir en l'étenduë de Notre Royaume, qu'ils n'ayent été Prevosts sous lesdits Exposans. Comme aussi leur permettre que le

Champ des Armes de leur Communauté soit d'azur, à deux épées mises en sautoir, les pointes hautes, accompagnées de quatre fleurs de lys, avec timbre au dessus de l'Ecusson, et trophées d'Armes autour; et auront des Gentilshommes Academistes chez eux, pour leur montrer les Exercices, comme ils ont toujours ci-devant fait, sans que le nombre desdits Exposans puisse exceder celui de vingt pour l'avenir. Laquelle Requête par Arrêt de Notre Conseil du vingt-cinq Août dernier. Nous aurions renvoyé à Notre Lieutenant Civil et Notre Procureur audit Châtelet, pour sur icelle donner leur avis, iceluy vû et rapporté en Notre Conseil être ordonné ce que de raison; en execution duquel Arrêt, lesdits Exposans s'etans retirez vers notredit Lieutenant Civil et notre Procureur audit Châtelet, ils ont donné leur avis favorable en ce rencontre; en conséquence duquel lesdits Exposans Nous ont requis nos Lettres sur ce nécessaires. A CES CAUSES, après avoir fait voir à Notre Conseil les Ordonnances et Statuts desdits Maîtres en Faits-d'Armes; Ensemble l'Avis de Nôtredit Lieutenant Civil et Nôtre Procureur au Châtelet, du vingt-un Octobre 1654 cy-attaché, sous notre contre-scel; de l'avis de Notredit Conseil, désirant favorablement traiter les Exposans. NOUS VOULONS que doresnavant ceux qui seront reçûs Maîtres en Faits-d'Armes, ayent Lettres de Notre Procureur audit Châtelet, dans lesquelles soit fait mention du merite de leur Profession, et que lesdits Exposans se rendront par devers Nous, pour faire nomination entr'eux jusques au nombre de Six, ausquels Nous accorderons Lettres de Noblesse, pour porter à l'avenir la qualité de Nobles après vingt années d'Exercice actuel en notredite Ville à compter du jour de leurs Receptions, de laquelle jouiront leurs descendans. Après le décès de l'un desquels six Maîtres, succèdera en sa place celui qui aura ledit temps de vingt années d'Exercice actuel du jour de sa Reception, auquel Nous ferons accorder pareilles Lettres, sur l'information qui sera faite de ses vie et mœurs, sans qu'aucunes personnes se puissent établir dans notre Royaume pour faire ladite Profession, qu'ils n'ayent été Prevost sous lesdits Maîtres de Paris, dont ils seront tenuz de représenter Certificat par devant les Juges Royaux des lieux où ils voudront s'établir. Permettons en outre à ladite Compagnie desdits exposans, par ces présentes signées de notre main, de prendre pour Armes le Champ d'azur, à deux Epées mises en sautoir, les pointes hautes, les pommeaux, poignées et croisées d'or, accompagnées de quatre fleurs de lys, avec timbre au dessus de l'Ecusson et trophées d'Armes autour : Comme aussi de continuer à avoir des Gentilshommes chez eux, pour leur montrer les Exercices conformément audit Avis, que Nous voulons et entendons sortir son plein et entier effet, sans que lesdits Exposans puissent être plus de vingt à l'avenir.

SI DONNONS EN MANDEMENT à nos amés et féaux Conseillers, les Gens tenans notre Cour de Parlement, Chambre de nos Comptes et Cour des Aydes à Paris, Prevôt de notre Ville, ou son Lieutenant Civil, et autres nos Justiciers qu'il appartiendra, que ces présentes nos Lettres ils ayent à registrer, et du contenu en icelles fassent, souffrent et laissent jouir et user lesdits Maîtres en Faits-d'Armes, pleinement, paisiblement et perpétuellement; cessans et faisans cesser tous troubles et empêchemens au contraire : CAR TEL EST NOTRE PLAISIR. Et afin que ce soit chose ferme et stable à toujours, Nous avons fait mettre notre scel à cesdites Présentes. Donné à Paris au mois de Mai, l'an de grâce mil six cent cinquante six, et de notre Regne le quatorzième. *Signé :* LOUIS. Et sur le repli, Par le Roy, PHELYPEAUX. Et au bout sur ledit repli est écrit :

Registrées par le Procureur General du Roi, pour être executées selon leur forme et teneur, aux restrictions portées par Arrêt de la Cour. A Paris en Parlement le troisième jour de Septembre mil six cent soixante quatre.

Signé, DU TILLET.

Collationné à l'Original par Nous Conseiller Secrétaire du Roy, Maison, Couronne de France et de se Finances.

LETTRES PATENTES

PORTANT CONFIRMATION DES STATUTS
DE LA COMPAGNIE DES MAITRES EN FAITS-D'ARMES DE PARIS

(Décembre 1758.)

LOUIS, PAR LA GRACE DE DIEU, ROY DE FRANCE ET DE NAVARRE. A tous presens et à venir. SALUT, Nos chers et bien amez les Maitres en Faits-d'Armes de la Ville, Fauxbourgs et Banlieuë de Paris: Nous ont fait exposer qu'étant extrêmement interessant pour le Public d'empêcher que des personnes de mauvaises mœurs soient chargées de l'instruction de la Jeunesse, et principalement de la Noblesse, ils ont toujours veillé avec soin à ne recevoir parmi eux que des personnes d'une conduite irréprochable, et ils ont écarté de même tous les sujets suspects qui vouloient s'ériger en Maitres de leur Art; que s'étant introduit quelques abus dans le seizieme siecle, ils ont dressé pour les réformer un Réglement en forme de Statuts, le 15 Janvier 1586, dont l'exécution a été ordonnée;

mais que n'ayant point suffi pour arrêter tous les désordres, ils en ont dressé de nouveaux le 12 Mai 1644, lesquels ont pour objet l'Election des Jurés, les Prévots des Maîtres, la discipline qu'ils doivent observer, et la reception des Aspirans; que la sagesse de ces statuts ayant été reconnue par le Châtelet, il les a homologués sans difficulté par Sentence du 5 Novembre de la même année; mais que quoique les Exposans ayent toujours apporté la plus scrupuleuse attention à s'en procurer l'exécution, cependant comme on cherche à leur opposer que nous ne les avons pas expressément confirmés, ils se voyent dans l'obligation de recourir à notre autorité, nous suppliant très-humblement de leur accorder nos Lettres Patentes sur ce nécessaires. A CES CAUSES, et désirant seconder les louables intentions des Exposans, de l'avis de notre Conseil, qui a vû l'imprimé desdits Statuts ci-attaché sous le Contre-scel de notre Chancellerie, et de notre grâce spéciale, pleine puissance et Autorité Royale, nous avons approuvé, confirmé et autorisé, et par ces Présentes signées de notre main, approuvons, confirmons et autorisons lesdits Articles, Statuts et Réglements du 12 Mai 1644, Voulons et nous plaît qu'ils soient gardés et observés selon leur forme et teneur, et sans qu'il puisse y être aucunement contrevenu sous les peines y portées. SI DONNONS EN MANDEMENT à nos amés et féaux Conseillers, les Gens tenans notre Cour de Parlement à Paris, et autres nos Officiers qu'il appartiendra, que ces Présentes ils ayent à faire enregistrer, et du contenu en icelles faire jouir et user lesdits Maîtres en Faits-d'Armes présens et à venir, pleinement, paisiblement et perpétuellement, cessans et faisans cesser tous troubles et empêchemens, nonobstant toutes choses à ce contraires : CAR TEL EST NOTRE PLAISIR. Et afin que ce soit chose ferme et stable à toujours, Nous avons fait mettre notre Scel à cesdites Présentes. DONNÉ à Versailles au mois de Décembre, l'an de grâce mil sept cent cinquante-huit, et de notre Règne le quarante-quatrième.

Signé, LOUIS.

Par le Roy,

Signé : PHELYPEAUX.

Registrées, ouï le Procureur General du Roi, pour jouir par lesdits Impétrans et leurs Successeurs de l'effet et contenu en icelles, et être exécutées selon leur forme et teneur, suivant l'Arrêt de ce jour.

A Paris en Parlement, le vingt sept Mars mil sept cent cinquante-neuf.

Signé : DUFRANC.

ARRÊT DE LA COUR

Qui ordonne que Vincent Banvarelle pourvu par la Reine de lettres de maîtrise, ne soit reçu maître tireur d'armes qu'après avoir fait une légère expérience.

(12 août 1621.)

Entre les Maistres jurez en faict d'armes de ceste ville de Paris appelans des sentences et jugemens rendus par le bailly de St Germain des Prez ou son lieutenan les dix et dix huit Juillet mil six cens dix neuf advis rendu par le substitud du procureur genéral du Roy au Chastellet le vingt uniesme aoust mil six cens vingt sentence du Prevost de Paris ou son lieutenan civil portant confirmation dudict advis du vingt deuxiesme du dict mois d'Aoust sentence, etc., nonobstant l'appel donné par le mesme juge le troisiesme Septembre du dict an, reception faicte par le dict substitud du dict procureur général du Roy au dict Chastellet le cinquiesme des dicts mois et an, de la personne de l'intimé de maistre en faict d'armes en ceste ville de Paris fasse expériance. Ensamble un autre ༠ te de réception depuis faicte par le dict bailly de S¹ Germain ou son lieutenan le quatorziesme Décembre aussi ensuivant au dict an six cens vingt d'une part, et Vincent Banvarelle soi-disan pourveu par lettres de maitrise en faict d'armes en ceste ville de Paris, intimé d'autre, sans que les qualitez puissent préjudicier après que Langlois pour les maistres jurez d'armes et Le Féron pour l'intimé ont esté oï sur l'appellation.

Tant de l'advis du substitud du procureur général du Roy au Chastellet et de celuy du lieutenan civil et sentence du bailly de S¹ Germain, par lesquelz ont ordonné que l'intimé seroit receu maistre sans faire aucune experiance contre le statut et un arrest donné en samblable cause en l'année mil six cens ung auxquelz Langlois a conclu à ce qu'il soit dict mal jugé et le demandant avant d'estre receu sera tenu faire experiance soit grande soit petite et Le Feron au contraire que la capacité de l'intimé est assez recongnue estant disciple ayant servi Hiérosnyme lequel a monstré au Roy, a monsieur son frère, aussi que conformément à l'édict de création de maistrise qui porte que tous les maistres seront receus sans faire expériance estant porteur de lettres que la Reyne lui a libérallemen données soustient qu'il a esté tres bien jugé et Servin pour le procureur général du Roy qui a dict qu'il faut suivre la règle portée par l'arrest de l'année mil six cens ung. Et d'aultant que le prévost de Paris a prononcé sans tirer à conséquence requérant defense lui estre faicte d'user de telle pronontiation la Cour a mis et met l'appellation et ce donc a esté appel au néant sans amande, a ordonné et ordonne que l'intimé sera receu maistre tireur d'armes en faisant par luy une légère experiance avec six maistres et quatre sortes d'armes en la présence des maistres René le Rouiller et Jacques le Cagneux, conseillers du Roy et ayant égard aux conclusions du procureur général du Roy a fait et fait inhibition et défense au prévost de Paris de plus prononcer sans tirer à conséquence.

SENTENCES
CONTRE
DES MAITRES D'ARMES
DITS FERRAILLEURS

(18 décembre 1685.)

*Extrait des Registres
de la Chambre de Monsieur le Procureur du Roy.*

Sentence rendue au profit des Syndics Maîtres et Gardes de la Compagnie des Maîtres en Faict d'armes à Paris.

Interdisant au nommé Bary, ferrailleur, défaillant, de s'ingérer dans l'exercice des Maîtres d'armes et ordonnant la fermeture de la salle ou il enseignait le dit art.

Entre Me Denis le Redde procureur, et René Thomas escuyer, sieur de la Chapelle, Syndic, François Chardon et Louis Filleul Maîtres et Gardes de la Compagnie des M^{es} en faict d'armes demandeurs aux fins de leurs exploitz du 5 du present mois par Jacquemin sergent à verge au Châtelet controllé le 8 du présent mois par Rielle d'une part — et Bary *ferrailleur*, ayant été trouvé montrant l'exercice en faict d'armes *le fleuret* à la main la *sandale* et le *chausson* aux pieds deffendant et défaillant d'autre part. — Dit le dit Le Redde en son plaidoyer et par suite du deffault donné contre ledit Bary non comparant ni personne pour luy, lecture faite des statuts et réglements de la Communauté des Maistres en faict d'armes, des sentences et réglements de Police en date du 18 may 1640 et 18 novembre 1653 par lesquelles il est faist deffence à toutes personnes de s'ingérer au faict d'armes montrer ni enseigner au public soit en salle, chambre ou collège ou autre lieu de la Ville et fauxbourgs de Paris, s'ils ne sont receus M^{es} en faict d'armes à peine de confiscation de plastrons fleurets et autres choses dont ils seront trouvez saisis, cent livres parisis d'amande pour la première fois appliqués moitié à la communauté desdits maîtres d'armes et l'autre moitié à l'Hôtel Dieu, des arrets confirmatifs des dites sentences en date du 6 Février 1666 et du 21 May 1667, de l'exploit de demande susdaté, nous avons faict et faisons deffense au dit Bary de s'ingérer dans l'exercice de maître d'armes, lui faisons deffenses de plus récidiver sur plus grand peine et de confiscation de fleuretz et autres choses de quoy il sera trouvé saisy dépendant du dict exercice de maître en faict d'armes et sera la salle fermée et au surplus ordonnons que les statuts et règlements, sentences et arrets seront exécutez selon leur forme et teneur, condamnons le deffendeur aux despens liquidez à trois livres non compris les présentes et soit signiffié.

Fait par M. le procureur du Roy.

Signé : Rogard.

(18 décembre 1685.)

Deux autres jugements dans les mêmes conditions et dans les mêmes termes sont rendus le même jour contre

Lhoste } ferrailleurs.
Caudat }

(23 juin 1724.)

Sentence de police qui fait défense à tous maîtres en fait d'armes sans qualité, dits *ferrailleurs*, de faire aucun exercice dudit art.

2°

A tous propriétaires et principaux locataires de leur louer aucune salle.

3°

Et à tous marchands de vin ou de bière de les souffrir chez eux.

(14 juin 1765.)

Dumesnil } ferrailleurs.
Delafosse }

Condamnés par défaut en dommages intérêts, et la chambre où ils exerçaient fermée et murée pendant six mois.

ARRETS
DE LA COUR DU PARLEMENT
EN FAVEUR
DES MAITRES D'ARMES
DES ACADÉMIES DU ROI

*Extraits des registres du Parlement
Du 19 Décembre 1763 et 11 Avril 1764.*

Louis par la Grace de Dieu, etc. . . . .
En conséquence faire défenses à toutes personnes, de quelque qualité et condition qu'elles soient, autres que les Maîtres en fait d'Armes, d'experience et chef-d'œuvre, d'enseigner dans la Ville, Faux-bourgs et Banlieue de Paris, et notamment dans les Colléges et Pensions dépendantes de l'Université de Paris, l'Art et Exercice des Armes, a peine de trois cens livres d'amende, paya-

bles par corps contre chacun des Contrevenans, et de confiscation des Fleurets, Plastrons et autres ustensiles dudit Art; faire pareillement défenses aux Supérieurs des dits Colléges et Pensions, de laisser entrer dans les dits Colléges et Pensions aucunes personnes sans qualité, pour enseigner ledit Art, et de souffrir qu'ils donnent des leçons dudit Art à leurs Ecoliers; et pour éviter toutes surprises, ordonner que les Maîtres qui seront reçus pour donner des leçons dans lesdits Colléges et Pensions, seront tenus de donner aux Superieurs desdites Maisons une copie certifiée desdits Maîtres d'Armes, de leurs Lettres de Maîtrise; etc.

MAITRES D'ARMES

AYANT ENSEIGNÉ A PARIS

1556-1850

La liste que nous publions comprend la majeure partie des maîtres d'armes qui ont enseigné leur art dans la ville de Paris. Cette liste, qui commence au milieu du xvie siècle, s'arrête avec l'année 1850.

Nous avons inscrit les noms des maîtres d'armes et les adresses de quelques-uns d'entre eux, d'après l'ordre chronologique des documents que nous avons consultés.

Ces dates, ces adresses et ces noms ont été relevés par nous, non seulement dans les livres d'adresses, dans les Almanachs indicateurs de Paris, de Versailles, etc., mais encore dans un certain nombre de pièces originales que nous possédons ou qui nous ont été communiquees.

Nous avons rectifié les erreurs que nous avons pu

découvrir. Pour ne citer qu'un exemple, l'Almanach royal, de 1789 à 1792, porte Danet comme directeur de l'École royale d'armes, et Teillagorry directeur adjoint,

Un document officiel nous a permis de constater que le 31 décembre 1789, lorsque les maîtres d'armes de Paris se rendirent en députation à l'Assemblée nationale, Teillagorry était alors directeur de cette École, et Pâquier, directeur adjoint.

Certaines rues de Paris ont eu le don de plaire aux maîtres d'armes; plusieurs de ces rues n'existent plus.

Tout en appréciant les merveilleuses transformations qui ont fait de Paris la reine des capitales, nous n'avons pu nous défendre, nous qui sommes Parisien, d'éprouver un sentiment de regret en suivant de l'œil les larges trouées faites par la pioche des démolisseurs.

Il nous semblait voir disparaître les légendes du Paris d'autrefois, légendes tantôt naïves, tantôt terribles, quelquefois mystiques, souvent aussi pleines de poésie amoureuse, mais dans tous les cas légendes attrayantes et toujours instructives.

Que de fois nous sommes-nous enfoncé dans les vieilles ruelles, pénétrant dans les maisons, furetant d'un œil scrutateur les cours aux dalles verdies, dans l'espoir, trop souvent déçu, de découvrir quelque vestige d'un monument d'un autre âge!

Mais aussi, combien de fois avons-nous été arrêté, dans le cours de nos investigations, par le fidèle gardien de la propriété, pour avoir négligé l'avis : PARLEZ AU PORTIER, remplaçant le — CAVE CANEM — des temps antiques !

Nous demandons pardon au lecteur de cette digression, et nous rentrons dans notre sujet.

Nous indiquerons, à côté du nom des rues qui n'existent plus, l'ancien emplacement de ces rues par rapport aux voies nouvelles.

Diverses rues ayant changé de dénomination, nous joindrons, aux noms qu'elles portent aujourd'hui, ceux qui les désignaient anciennement.

Plusieurs maîtres d'armes ont habité les rues du Chantre et des Boucheries-Saint-Germain, qui ont disparu toutes deux. La rue des Boucheries, emportée par le boulevard Saint-Germain, commençait au carrefour de l'Odéon, traversait la rue nommée actuellement Grégoire-de-Tours et venait aboutir entre les rues du Four et de Buci.

La rue du Chantre commençait rue de Beauvais, près de la place du Louvre, et finissait rue Saint-Honoré, presque vis-à-vis de la rue des Bons-Enfants. Les bâtiments du nouveau Louvre, la rue de Rivoli et l'immeuble des Magasins du Louvre ont absorbé entièrement la rue du Chantre.

LISTE DES MAITRES D'ARMES

Gossu ou Goussu (Mathieu), rue de la Vieille-Pelleterie, 1556.

Gossu ou Goussu fils (Jehan), rue de la Bûcherie, 1556.
   Il fut un des signataires des Statuts de 1567.

Carré (Noël), maître d'armes des pages de l'écurie de Catherine de Médicis, 1558.

Pompée, enseigna l'escrime à Charles IX, 1565.

Silvie, maître d'armes du duc d'Anjou (Henri III), 1565.

Coffit (Jean), 1567.

Langlois (Jean), 1567.

De Lor (Mathieu), 1567, rue Saint-Jacques, 1570.

Musquin (Egard), 1586.

Cochey (C.), 1587.

Duc (Marcel), 1587.

Grandjean, 1587.

Langlois fils (Jean), 1587.

Vallet (Pierre), 1587.

Laloy, 1587.

De Riquebourg (Sébastien), 1587.

Prévot (Alexandre), 1587.

Petit (P.), 1587.

Petit fils (Jean), 1587.

Papillon (Gérard), 1587-1633.

Belly (Marcel), 1587.

Chaudière (Pierre), 1588.

Lecoq (Jean), 1589.

Charreny (Pierre), 1589.

Dubuisson (Nicolas), 1590.

Charpentier (Claude), 1590.

Dubuisson (Marcel), 1594.

Bourdon (Jacques), 1604-1633.

Hiéronyme (Cavalcabo?), maître d'armes de Louis XIII et de Gaston d'Orléans, frère du roi.

Cavalcabo (César), maître tireur d'armes de la Cour, 1611-1642.
> Il recevait 300 livres par an.

Langlois, syndic en 1633.
> Il était valet de garde-robe de la Chambre du Roi.

Du Rocher ou du Roché, juré en 1633. 1633-1644.

Bret de la Frenays, 1633.
> Ce maître a signé aussi Le Bret-Frenays (1644), juré en 1633, en 1644 et en 1645.

Vallet (Pierre), 1633-1644.

Pillard (Jean), maître des pages des écuries du Roi, 1637.

De la Fontaine, 1633.

De Riencourt, 1633.

ORDONNANCES DES MAITRES D'ARMES
(1633)

papillon   *Lauingné*

Dehencourt

De La frenays

beaulieu

Lescuier   *Amé L'oire*

Mary

De La fontaine

marres   *Langlois*

Allexandre Lemaire

ORDONNANCES DES MAITRES D'ARMES

(1633)

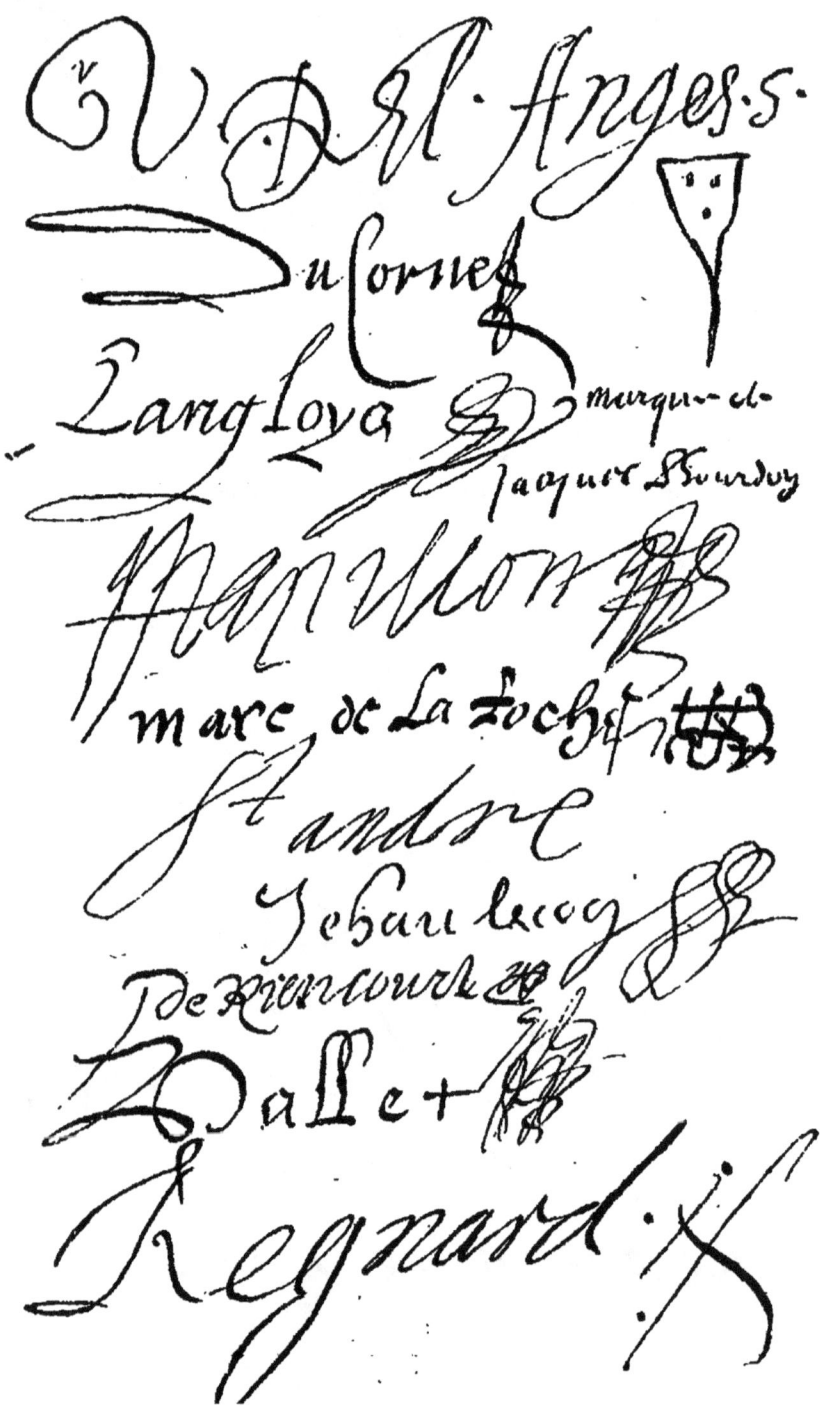

De Riencourt, 1633-1644.

Noble (Henry), 1633.
  Nous avons omis sa signature dans le fac-similé.

De Saint-Ange (Vincent Francquin), maître d'armes de Louis XIV et du duc d'Anjou, frère du Roi, 1633-1670.

De Saint-André, garde des Ordres de la Communauté en 1644. 1633-1644.

Marres, 1633-1644.

Du Cornet (Hubert), natif de Liège, fut naturalisé Français. 1633-1644.

Regnard, juré pour la troisième fois en 1645, fut anobli en 1657. 1633-1657.

Beaulieu, 1633.

Legoix (Anne), 1633.

Mory, 1633.

Lavingne, 1633.

Lemaire (Alexandre), 1633.

Lescuier, 1633.

De la Roche (Marc), 1633.

Philebois, 1633.

Vignal, 1633.

Lecoq (Jehan ou Jean) (a signé aussi Lecocq), maître d'armes des pages de la grande écurie du Roi, fut anobli en 1657. Il mourut en 1670. 1633-1670.

Papillon, 1633-1644.

Langloys, 1633-1644.

Moussard, 1644.

Mangin, 1644.

Prantebert (?), signature illisible sur la pièce originale, 1644.

Lhuillier, 1644.

Papillon jeune, 1644.

Dubois, 1644.

De la Touche (Philibert M., sieur), maître d'armes des pages de la Reine et des pages de la Chambre du duc d'Orléans.
> De la Touche est l'auteur d'un traité d'escrime qu'il fit paraître en 1670. 1644-1670.

De l'Isle (Denis-Beneton) était, en 1652, maître d'armes des pages de Mademoiselle de Montpensier, fille du duc d'Orléans.
> De l'Isle recevait 200 livres par an. En 1670, il était garde des Ordres de la Communauté pour la seconde fois. Le 22 janvier 1685, de l'Isle fut nommé maître des pages de la petite écurie du Roi en remplacement de Pierre des Fontaines, démissionnaire.

De la Chapelle (René-Thomas), maître des pages de la Maison de Mademoiselle (1661-1676). Il recevait 400 livres par an.
> Thomas de la Chapelle fut syndic de la Communauté en 1670, en 1683 et en 1685.

Langlois (Pierre), maître d'armes de la Maison du Roi, 1664-1688.

Marais, ancien syndic, 1670.

Mangin-Galland avait été deux fois garde des Ordres avant 1670.

Soret, ancien maître, 1670.

De Lorme, ancien maître, 1670.

Héron, ancien maître, 1670.

Morin, ancien garde des Ordres, 1670.

Filleul (Louis), ancien maître en 1670, fut élu garde des Ordres en 1685.

Fargeot, 1670.

Chardon (François), garde des Ordres en 1685, demeurait en 1692, rue de Buci. 1670-1692.

Rousseau (Pascal), chevalier des Ordres du Roi.
> Il fut, après Saint-Ange, le maître d'armes de Louis XIV. Rousseau demeurait rue de Seine; il y est mort le 9 août 1688. 1670-1688.

Rousseau (Jean) fut nommé, le 27 avril 1670, maître d'armes des pages de la grande écurie du Roi, en remplacement de Jean Lecoq, décédé. Rousseau fut nommé, en 1684, maître des pages de la petite écurie à la place de Pierre des Fontaines, démissionnaire. Plus tard, il fut choisi pour enseigner l'escrime au duc de Bourgogne. 1670-1692.

Mongin le jeune, 1670.

Le Perche (Jean-Baptiste) publia un traité d'escrime en 1676, 1670-1692.
> Rue de la Harpe en 1692.

Petit (Pierre), maître de la petite écurie du Roi, donna sa démission en 1676.

Des Fontaines (Pierre.)
> Le 11 janvier 1676, il fut nommé maître d'armes de la petite écurie, en remplacement de Pierre Petit, démissionnaire. Des Fontaines donna lui-même sa démission en 1684.

De Saint-André fils, garde des Ordres de la Communauté en 1683, demeurait, en 1692, sur le quai des Augustins.

Dubois, garde des Ordres en 1683 et en 1685.
> Sa demeure était, en 1692, rue Mazarine, près du jeu de paume de Metz (ce jeu était situé dans la cour du Commerce, du côté de la rue Saint-André-des-Arts).

Dujon de la Salle (Fabien-Etienne), 1690.

De Liancour (Wernesson) est l'auteur d'un traité qu'il fit paraître en 1686.
> En 1716, il était syndic de la Compagnie pour la troisième fois. Il demeurait, en 1692, dans la rue des Boucheries-Saint-Germain, et mourut en 1732.

De Brye (J.). Il était dans la rue de Buci en 1692, et publia un traité d'escrime en 1721.

Pillard père, rue Dauphine, 1692.

Minoux, rue des Mauvais-Garçons (actuellement rue Grégoire-de-Tours), 1692.

Le Perche aîné, rue Mazarine, 1692-1729.

Du Fay ou Dufays, rue du Chantre, 1692.

Pillard fils, rue des Cordiers, 1692.
> Rue Mazarine, 1725-1742.

Bourbet de Vaux (Nicolas), maître des pages de la Maison du duc de Berry. 1711-1714.
> Il recevait 200 livres par an.

Rousseau (Henri-François), maître d'armes de Louis XV, garde des Ordres en 1716.
> Il est mort rue de la Sourdière, le 18 mai 1756.

Lebrun, garde des Ordres en 1716 et en 1738.

Le Perche cadet, rue des Boucheries-Saint-Germain, 1725-1739.

LISTE DES MAITRES D'ARMES.

Desfossez, rue d'Anjou (rue de Nesles), près la rue Dauphine, 1725 à 1729.

    Rue de la Comédie-Française, 1729-1733.

Dumouchel, syndic de la Compagnie en 1738.

    Rue Mazarine, vis-à-vis de la rue Guénégaud, 1729 à 1733.

    Rue et près de la Comédie-Française (rue de l'Ancienne-Comédie), 1733 à 1751.

    Rue Saint-Martin, 1760.

Landon était garde des Ordres en 1738.

Teillagorry (Bertrand), syndic vers 1752, garde des Ordres en 1759, maître d'armes des écuries du duc d'Orléans, 1738-1767.

    Sa femme possédait une maison dans la rue Neuve-des-Petits-Champs en 1750.

Rousseau, fils de Henri-François Rousseau, eut le titre de maître d'armes des Enfants de France et donna des leçons d'escrime au Dauphin, fils de Louis XV.

    Rousseau reçut l'ordre de Saint-Michel en 1754 et fut anobli l'année suivante. Il mourut vers 1769.

Dufays (Antoine), 1741,

Ladroit fut syndic vers 1753.

    Rue Mazarine, 1742-1755.

    Rue Saint-Honoré, vis-à-vis l'Oratoire, 1755-1757.

    Rue Bourbon à la Ville-Neuve (actuellement rue d'Aboukir), 1757-1760.

    Quai des Augustins, 1760.

    Rue de la Harpe, 1761.

Motet, à l'Académie de Jouan (rue des Canettes), 1751.
>   Rue et près de la Comédie-Française (rue de l'Ancienne-Comédie), 1751.
>   Rue de Seine, 1760-1772.

Feauveaux, rue du Jour, 1755.
>   Rue Saint-Martin, 1760.
>   Rue Michel-le-Comte, 1769-1772.

Dalonneau de la Raye, maître d'armes du duc de Bourgogne, 1758.

Thonnard, juré avant 1755, syndic en 1757, en 1759 et en 1761.
>   Il demeurait, en 1760, près la croix du Trahoir (cette croix était située à l'angle des rues de l'Arbre-Sec et Saint-Honoré).
>   Rue Christine, 1761.
>   Rue des Noyers, 1776 à 1777.
>   Rue de Viarmes, 1777.

Chabot, rue de la Bretonnerie (rue supprimée avant la Révolution pour l'agrandissement de la place Sainte-Geneviève ou du Panthéon), 1760.

Danet (Guillaume), auteur d'un traité d'escrime (1766-1767), écuyer, syndic-garde des Ordres, maître d'armes des pages du prince de Conti, directeur de l'École royale d'armes.
>   Rue du Chantre, 1760-1792.

Lasalle, reçu à la maîtrise le 1er mars 1758.
>   Rue Saint-Jean-de-Beauvais (rue Charretière), 1760.
>   Rue des Boucheries-Saint-Germain, 1769-1772.

Daniel (Pierre), syndic en 1754 et en 1755.
>   Rue de la Monnaie, 1760.
>   Rue Saint-André-des-Arts, 1769-1772.

XVIIIᵉ SIÈCLE

Thoumand Riviez
Dormadieu Lacroix
notet
Guillaume
Danes Delasalle
Leuvreaux Teillagoury
Risiere
Desnoux Daniel
Teillagory Leneveu
Leperche la boessière
Boupeau

Devocour, rue des Cordeliers, 1760.
   Rue des Noyers, 1772.

Le Perche, rue Mazarine, 1760.

Guillaume, rue de Seine, 1760.

Donnadieu, rue des Vieilles-Etuves (rue Sauval), 1760-1769.
   Quai de l'Ecole (quai du Louvre), 1772-1789.

Rivière, rue des Fossés-Saint-Germain (rue de l'Ancienne-Comédie), 1760.
   Rue de Vaugirard, 1769-1772.
   Faubourg Saint-Honoré, 1777.

La Boessière (Texier de), reçu maître en 1759, maître d'armes des pages du duc de Penthièvre.
   Rue de la Draperie (cette rue était située vis-à-vis du Palais de Justice), 1769-1772.
   Rue Saint-Honoré, vis-à-vis de l'Oratoire, 1786-1807.

O'Sullivan (Daniel), auteur d'un traité d'escrime, 1765.
   Rue du Jour-Saint-Eustache, en face du portail, 1765.
   Passage du Saumon, 1769-1772.

Teillagorry frères, neveux de Bertrand Teillagorry, aux écuries du duc d'Orléans, 1769-1772.
   En 1789, un des frères Teillagorry habitait rue Neuve-des-Petits-Champs.

Dorcy (Guillaume), île Saint-Louis, 1769-1772.
   Il demeurait en 1789 dans une maison qu'il possédait au Préau de la foire Saint-Germain (place du Marché-Saint-Germain).

Prévost père (Louis), 1769-1790, maître d'armes des pages de la grande et de la petite écurie du Roi ;
   de l'écurie de la Reine ;

de l'écurie de Monsieur;
— de Madame;
— du comte de Provence,
— de la comtesse de Provence;
— de la comtesse d'Artois;
de la Chambre du Roi en 1786.

    Louis Prévost recevait pour prix de ses leçons aux pages de la Maison de Madame, 180 livres;
    — du comte de Provence, 100 livres;
    — de la comtesse d'Artois, 180 livres.

    Sa salle d'armes était située rue des Mauvais-Garçons (actuellement rue Grégoire-de-Tours), la première porte cochère à gauche en entrant par la rue de Buci.

    Sa demeure particulière était dans la rue du Sépulchre (rue du Dragon), la première porte cochère à gauche, en entrant par la rue Taranne (boulevard Saint-Germain).

    Louis Prévost suivait la Cour à Versailles.

ETIENNE aîné, à l'Ecole royale militaire, 1769-1789.

DE MENISSIER, maître d'armes des pages du comte de Clermont, fut reçu à la maîtrise vers 1764.
    Rue Sainte-Croix-de-la-Bretonnerie, 1769 à 1772.
    Quai de la Tournelle, 1789.

LEBRUN, rue Montmartre, à côté du passage du Saumon, vers 1780.

PASQUIER ou PAQUIER fut directeur adjoint de l'Ecole royale d'armes.
    Cloître Saint-Thomas du Louvre (était situé vis-à-vis la place du Palais-Royal), 1769-1772.
    Rue du Sépulchre (rue du Dragon), 1789.

Ravet, rue aux Ours, 1769-1772.

Roch, maître des pages de la chambre du comte d'Artois (il recevait 100 livres par an), 1774-1786.
>Il fut nommé maître des pages de la chambre de Monsieur en 1790.
>Roch suivait la Cour à Versailles.

Prévost fils (François-Louis) avait la survivance de maître des pages de la Chambre, de la grande et de la petite écurie du Roi, ainsi que des pages de l'écurie du comte d'Artois, 1786-1790.
>Il fut aussi maître d'armes de la maison de Condé.
>Prévost suivait la Cour à Versailles.

Rousseau (Augustin-Bernard-Louis-Joseph), maître des exercices et armes des Enfants de France.
>Rousseau enseigna de 1774 à 1792 aux pages de la grande écurie du Roi, les exercices de guerre; aux pages de la petite écurie, le maniement des armes; aux pages de la maison des ducs d'Angoulême et de Berry, l'escrime.
>Il suivait la Cour.
>Rousseau fut guillotiné le 13 juillet 1794.

Etienne jeune, à l'Ecole royale militaire, 1789.

Pauly, parent par alliance des Teillagorry.
>Petite rue Saint-Louis (allait de la rue de l'Echelle à la rue de Richelieu), 1789.

Leprince, rue de Richelieu, 1791.

Pigeot, rue du Petit-Lion-Saint-Sauveur, 1791.

Gomard, rue du Bout-du-Monde (rue du Cadran), 1791.
>Il était sorti du régiment de Bourbonnais-infanterie.

Avant d'ouvrir une salle, Gomard avait été prévôt chez La Boëssière.

Il adopta Antonin Possellier, dit Gomard fils, qui fut en escrime un des meilleurs théoriciens du XIXe siècle.

DE LA BOËSSIÈRE fils, né en 1766, mort en 1829, auteur d'un traité d'escrime (1818).

    Rue Saint-Honoré, 152, vis-à-vis l'Oratoire, et au manège royal.

    Rue Saint-Honoré, 359.

FABIEN (Philippe-Victor) naquit à Paris en 1754 et y mourut le 6 août 1812.

    A l'âge de dix-huit ans, il entra chez La Boëssière père dont il devint le prévôt.

    Nous n'avons pu savoir si Fabien fit partie de la Compagnie et s'il eut une salle d'armes.

BRÉMOND (Alexandre-Picard), ancien maître d'armes du corps d'officiers de la légion du prince de Soubise.

    Il fut quelque temps associé à Paris avec O'Sullivan père.

    Brémond est l'auteur d'un traité d'escrime qu'il a publié à Turin en 1782. Un certain nombre de maîtres d'armes de l'époque sont cités dans cet ouvrage.

LISTE DES MAITRES

DE L'ÉCOLE ROYALE D'ARMES DE LA VILLE DE PARIS
QUI ONT FAIT L'OFFRANDE PATRIOTIQUE DE LEURS ÉPÉES

(31 Décembre 1789.)

TEILLAGORRY, directeur.

PAQUIER, directeur adjoint.

DANET.

DORCY (Guillaume).

DONNADIEU.

TEXIER DE LA BOESSIÈRE.

PRÉVOST (Louis).

PRÉVOST fils (François-Louis).

LE VALAIS.

LAMARE (Denis).

DESBUISSONS.

LA BOESSIÈRE fils.

ETIENNE jeune.

GERVAIS.

Desprès.

De Menissier.

Bouché.

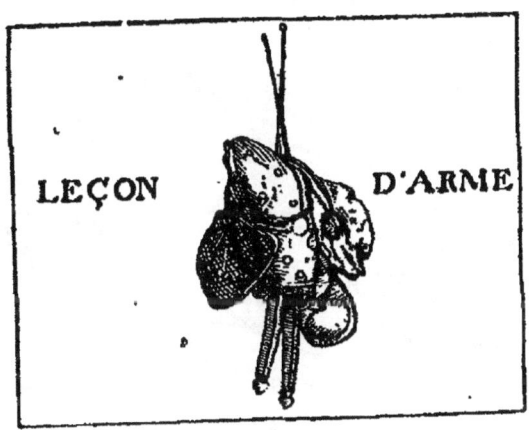

La Boëssière

Lafougère
Jean Louis   *Gomard*

Grisier   *Hettier*

Lous

Bonnet   *Bertrand*

Cordelois

Daressy

DUPLESSIS-BERTAUX.

XIXᵉ SIÈCLE

Renevier, 1809.

Compoint, 1814.

Coulon (Mathieu), rue Cadet, 19, 1825-1827.
    Rue du Helder, 11, 1828-1830.
    Rue de Grammont, 21, 1831.
    Rue de Choiseul, 3, 1832-1838.
    Rue de Rivoli, 24, 1847.

Brémond, rue du Faubourg-Poissonnière, 10, 1814-1837.

Gomard fils (Antonin Possellier, dit), né en 1793, mort en 1864.
    Rue du Chantre, 18, 1821-1828.
    Rue de Seine, 29, 1829-1834.

Rue de Tournon, 9, 1835-1838.
Rue Saint-André-des-Arts, 33, 1829-1841.
Rue de la Houssaie (rue Taitbout), 1842-1847.

Philippe aîné, 1814.
Rue Monsieur-le-Prince, 1821-1829.
Rue des Grès, 22 (rue Cujas), 1830.

Lamotte, rue des Champs-Élysées, 9 (rue Boissy-d'Anglas), 1817.
Place du Palais-Royal, 9, 1820-1822.
Rue Quincampoix, 1823.

Charlemagne (François Vattier, dit), né en 1779, mort en 1857. Rue Traversière-Saint-Honoré, 29 et 39 (rue Molière), 1815-1828.

Bégo (le capitaine), 1816.

Barbe (Olivier), rue de la Madeleine, 7 *bis*, 1821-1824.
Rue du Faubourg-du-Roule, 30 (rue du Faubourg-Saint-Honoré), 1825-1831.

Bertrand père et fils, rue Beauregard, 13, 1821.
Rue Saint-Denis, 367, 1822.

Bertrand fils, né en 1796, mort en 1876. Rue Saint-Thomas-du-Louvre, 34 (commençait place du Carrousel et finissait place du Palais-Royal), 1823-1827.
Rue Poissonnière, 21, 1828-1850.
Bertrand eut une deuxième salle d'armes rue et hôtel Corneille, 5, 1836 à 1838.

Bouquet, rue Saint-Roch-Poissonnière, 7 (c'est la partie de la rue des Jeûneurs commençant rue du Sentier et se terminant à la rue Poissonnière), 1821.
Rue Bergère, 1822.

DE SAINT-MARC, rue Croix-des-Petits-Champs, 27, 1821-1824.

DESLAURIERS, rue Rameau, 11, 1821-1823.

GONDEMARD, rue des Grès, 9 (rue Cujas), 1821-1824.

LEBRUN fils, rue Poissonnière, 21, 1821-1822.
   Quai des Grands-Augustins, 29, 1823-1826.
   Rue Mazarine, 72 (sa demeure était rue Dauphine, 33), 1827-1829.
   Rue de Seine, 32, 1830.
   Rue des Marmousets (rue Chanoinesse), 1831-1837.

DAJON, rue d'Anjou-Saint-Honoré, 52, 1825-1827.
   Rue du Cloître-Saint-Marcel, 16 (cette rue était située près de la rue de la Reine-Blanche), 1828-1829.
   Rue Saint-Jacques, 104, 1830-1836.

LOZÈS aîné (Antoine), né en 1795, mort en 1858. Rue des Grès, 9 (rue Cujas), 1825-1835.

CHARDON, rue d'Orléans-Saint-Marcel, 31 (rue Daubenton), 1826-1828.
   Place de la Sorbonne, 5, 1829-1836.
   Rue du Cloître-Saint-Benoît (entre la rue de la Sorbonne et la rue Saint-Jacques), 1837-1838.

COLLIQUET, rue des Filles-du-Calvaire, 21 ou 24, 1827-1830.
   Rue Neuve-de-Bretagne, 2 ou 3 (rue Commines), 1831-1834.

Blot (Jacques-Antoine), rue des Petits-Carreaux, 23, 1829-1832.
    Rue Servandoni, 6, ...-1842.

Bouchez, rue Saint-Jacques, 118, 1829-1835.
    Place Saint-Michel, 12 (cette place située en face de la rue des Grès (Cujas), a été absorbée par le boulevard Saint-Michel), 1836-1838.

Boulet, rue Traversière-Saint-Honoré, 39 (rue Molière), 1829.
    Rue Favart, 12, 1830-1831.
    Rue Saint-Martin, 255, 1832.

Buxe, rue Saint-Jacques, 126, 1829-1831.

Graux, rue Saint-Hyacinthe-Saint-Michel, 10 (rue Malebranche, 1829-1835.

Beau, rue de la Harpe, 85 (boulevard Saint-Michel), 1832-1844.

Fillias, rue de Miroménil, 32, 1832-1838.
    Rue du Colisée, 11 *bis*, 1839-1847.

Angot et Leverrier en 1834.

Leverrier seul, rue Bourbon-Villeneuve, 31 (c'est aujourd'hui la rue d'Aboukir ; la rue Bourbon-Villeneuve commençait à la rue Poissonnière et finissait rue Saint-Denis), 1835-1839.

Grisier (Augustin), né en 1791, mort en 1855, rue de Tivoli, 1832-1834.
    Rue du Faubourg-Montmartre, 4, 1834-1850.

Prevost (Pierre-Adolphe), né à Rouen en 1811, mort en 1869.
    Rue des Boucheries-Saint-Germain, 33, 1833.
    Rue du Harlay-du-Palais, 2, 1834-1846.
    Rue de l'Université, 12, 1847.
    Passage Sainte-Marie, 12 (rue Saint-Simon), 1848-1850.

LISTE DES MAITRES D'ARMES.

DARESSY (Pierre), né à Agen en 1806, mort à Paris en 1871.
  Rue J.-J.-Rousseau, 20, 1834-1837.
  Rue Montmartre, 113, 1838-1844.
  Rue Notre-Dame-des-Victoires, 16, 1845-1848.
  Rue du Faubourg-Montmartre, 10, 1848 à 1850.

LOZÈS (Bertrand), rue Corneille, 5, 1837.

LOZÈS (?), rue des Francs-Bourgeois-Saint-Michel (cette rue était située entre la rue Monsieur-le-Prince et la rue Soufflot, 1837.

MILLE, rue Favart, 12, 1837.

MILLE et ROUGÉ, rue de la Harpe, 58 (boulevard Saint-Michel), 1837.

ROBERT père, rue de l'Echaudé, 2, 1837.

ROGER, rue du Dragon, 1837-1850.

ROUSSEL, rue Favart, 12, 1838-1843.

BÉNARD, rue de Rivoli, 1, 1837-1850.

COURT, rue Saint-Honoré, 219 bis, 1837.
  Rue Traversière-Saint-Honoré (rue Molière), 1838.

ALLIAC, rue de Choiseul, 3, 1839.
  Rue Favart, 4, 1843-1847.

RAIMONDI (RÉGUZZONI, dit), né en Lombardie en 1805, mort en 1865, rue Poissonnière, 27, 1840.
  Rue de la Fontaine-Molière, 39 bis, 1846-1847.
  Rue Taitbout, 10, 1847-1850.

Bonnet aîné, né en 1801, mort en 1873, rue de Richelieu, 45 *bis*, 1848-1849.
    Rue de Richelieu, 41, 1850.

Pons oncle (Charles), né en 1795, mort en 1883.
    Rue Saint-Honoré, 339 (223 nouveau).

Gatechair père.

Renaudot.

Franck.

Marcelin.

Dumesnil.

Berrier.

Robert aîné (Jean-Baptiste).

Cordelois, né en 1797, mort en 1879.
    Fut longtemps maître d'armes à Bordeaux avant de venir à Paris.

Pons neveu.

Gatechair fils (Hippolyte).

Ardohain, né en 1794, mort en 1885.

PRINCIPAUX MAITRES D'ARMES

DE QUELQUES VILLES DE FRANCE

Fontaine (Laurent), à la Fère, 1572.

Fontaine fils, à Saint-Quentin, 1572.

Souplet, à Saint-Quentin, 1572.

Ferron (Jacques), maître d'armes de Brantôme.

Aymard (le sieur d'), de Bordeaux.

Plate (les), à Toulouse, xviie et xviiie siècles.

Besnard (Charles), à Rennes, 1653.
    Auteur d'un traité.

Labat, à Toulouse, 1696.
    A composé un livre d'escrime célèbre.

Martin, à Strasbourg, 1737.
    Auteur d'un traité.

Charpentier, à Lyon, 1742.
    A fait un traité d'escrime.

Gérard, à Nancy.

Siguion, à Marseille, 1765.

Simon, à Lyon, 1766.

Picard, à Rouen, 1767.

Faldoni, à Lyon, 1767.

Blondin, à Agen, 1780.

Labadie, à Bordeaux, 1732.

O'Sullivan fils, à Angers, 1782.

Moreau (Joseph), à Nantes, 1782.

XIXe SIECLE

Daressy (Jean), à Agen.

Prevost, à Rouen.

Moreau fils, à Nantes.

Lafaugère (Louis-Justin), à Lyon.

Jean-Louis, à Montpellier.

Monsarrat père, à Toulouse.

Vigeant (François), à Rennes.

Azaïs, à Toulouse.

NOTES

DU

PRÉCIS HISTORIQUE

I

Voici les renseignements que nous donne le rôle de la Taille de 1292 :

Guillaume, rue d'Averon (aujourd'hui la rue Bailleul). . . . . payait 16 sous.
Richart, rue de la Ferronnerie. . . . . . — 9 —
Sanse, rue du Biau-bourg (rue Beaubourg). — 2 —
Jacques, rue du Roi-de-Cezile (rue du Roi-de-Sicile) . . . . — 8 —
Mestre Thomas, rue de la Calendre . . . . — 30 —
Nicolas, rue de la Buscherie . . . . — 2 —
Phelippe, rue de la Serpante (rue Serpente) — 12 deniers.

2

Pendant le moyen âge, on disait *escrémie, esquermie*, etc., pour escrime, et *s'escrémir, s'escrémier*, etc., pour indiquer l'action de s'exercer à l'escrime, de combattre ou même disputer. Le nom *d'escrémisséeur*, de *scremisseeur*, etc., était donné aux maîtres d'armes. Dans un accord entre les tisserands et les teinturiers de la ville de Paris, contracté en 1291, il est fait mention de Jacques le scrémisséeur, qui joignait à sa profession de maîtres d'armes celle de tisserand.

3

La partie de Paris, située sur la rive gauche de la Seine et contenue dans les murs de l'enceinte bâtie par Philippe-Auguste, se nommait l'Université; c'est dans cet espace que se trouvaient renfermés les collèges au nombre de quarante-cinq en 1554.

L'enceinte de Philippe-Auguste commençait un peu au-dessus du pont de la Tournelle, entre les rues actuelles des Fossés-Saint-Bernard et du Cardinal-Lemoine.

Le mur longeait cette dernière jusqu'à la rue Clovis; puis, gagnant la rue Soufflot par la rue de l'Estrapade, il traversait le lycée Saint-Louis, la clinique de l'École de médecine, la Cour du Commerce, pour venir aboutir à la Seine, entre l'Hôtel de la Monnaie et le palais de l'Institut.

4

Les faubourgs Saint-Victor, Saint-Marceau et Saint-Jacques.

5

En 1565, Catherine de Médicis donna des fêtes splendides à Fontainebleau; Charles IX fit assaut devant toute la Cour avec son maître d'armes, Pompée.

Le duc d'Anjou, âgé alors de treize ans, parut ensuite ; il tira avec son maître nommé Silvie.

Catherine de Médicis avait choisi ces deux maîtres, qui étaient de sa nationalité, pour donner des leçons d'escrime à ses enfants ; mais, en 1558, c'était un maître tireur d'armes français, nommé Noël Carré, qui, moyennant quatre livres douze sols par mois, enseignait son art aux pages de l'écurie de la reine-mère.

6

Henry de Sainct-Didier fit plusieurs campagnes, entre autres celles du Piémont (1554-1555).

Dans la composition de son ouvrage, il s'est certainement inspiré des principes de l'escrime italienne ; mais il a formulé aussi des théories personnelles, fruit d'une pratique de trente années.

Pierre du Fief fut un de ses meilleurs élèves.

Parmi les pièces de vers à la louange de l'auteur, renfermées dans l'ouvrage de Sainct-Didier, nous avons remarqué un sonnet de Jean Emery, de Berre en Provence, et nous donnons un extrait de ce sonnet, à cause du mot fleuret contenu dans les vers suivants :

> Approchas vous aucuns
> Hou raco d'escrimaille
> Quembe vostre flourès
> Fasez ben pauc que vaille.

> Approchez-vous tous,
> Race d'escrimailleurs
> Qui de votre fleuret
> Faites bien peu qui vaille.

Voici le titre du livre de Sainct-Didier :

Traicté contenant les secrets du premier livre sur l'espée seule, mère de toutes armes, qui sont espée, dague, cappe, targue, bouclier, rondelle, l'espée deux mains et les deux espées, avec ses pourtraictures, ayant les armes au poing pour se deffendre et offenser à un mesme temps des coups qu'on peut tirer, tant en assaillant qu'en deffendant, fort utile et profitable pour adextrer la noblesse et supost de Mars : rédigé par art, ordre et pratique.

Composé par Henry de Sainct-Didier, gentilhomme provençal.

Dédié à La Majesté du Roy très chrestien, Charles neufviesme. A Paris, imprimé par Iean Mettayer, et Mathurin Challenge, et se vend chez Iean Dalier, sur le pont Sainct-Michel, à l'enseigne de la Rose blanche, 1573, Avec privilège du Roy. In-4°.

Le privilège fut donné à Paris, le 23 janvier 1573, et le livre fut achevé d'imprimer le 4 juin de la même année.

Henry de Sainct-Didier, craignant des contrefaçons de son traité, prit soin d'apposer sa signature sur chaque exemplaire, au bas de l'avis au lecteur inséré à la fin. Cet avis est ainsi conçu :

Amy Lecteur, qui d'entre vous acheptera de ces livres, & n'y trouvera le nom, surnom et paraffe de l'aucteur escrit de sa main, tels livres ne seront vendus par la volonté d'iceluy, à ceste cause, il vous prie les luy faire apporter en sa maison, & il vous rendra l'argent qu'ils vous auront cousté, luy disant qui vous les aura vendus, & si vous en donnera autant que luy en apporterez, qui ne vous cousteront rien, & outre vous montrera ledit aucteur & déclarera le contenu d'iceluy, qui ne vous coustera rien pour avoir recours par justice à l'encontre de ceux qui tels livres auront vendus & lui ferez plaisir.

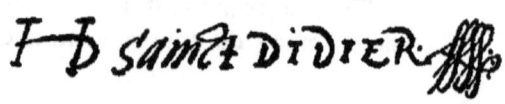

Lorsque Henry de Sainct-Didier composa son livre, des ouvrages sur l'escrime avaient déjà paru en Espagne, en Italie et en Allemagne. Il avait même été publié à Anvers, en 1538, un livre imprimé en français; mais comme dans ce traité, dont l'auteur est inconnu, il est surtout question de l'épée à deux mains, nous ne le mentionnons que pour mémoire. En voici le titre :

LA NOBLE SCIENCE DES JOUEURS D'ESPÉE

(Au recto du deuxième feuillet) : « Icy commence ung très beau livret contenant la chevalereuse science des joueurs d'espée, pour apprendre à jouer de lespée à deux mains et aultres semblables espées, avec aussi les braquemars et aultres courts cousteaux lesquels lon use à tout une main.

(A la fin) : Imprimé en la ville Danvers par moy Guillaume Vosterman demourant a la licorne dor, lan mil cinq cens et xxxviii; in 4° gothique, avec 33 gravures sur bois.

7

Sous le règne de Charles IX, l'escrime était fort en faveur à la cour; le roi donnait lui-même l'exemple en se livrant à cet exercice dans lequel il excellait autant que dans celui du jeu de la paume; ses frères, les ducs d'Anjou et d'Alençon, étaient également renommés pour leur force à l'épée.

Parmi les grands seigneurs, le duc de Guise jouissait d'une très grande réputation : sur la demande du roi, Henry de Sainct-Didier fit des armes avec le noble duc.

Pendant le temps de sa brouille avec la cour, Henri de Guise demeurait à Joinville, près de Vitry en Champagne. Voulant paraître dans un tournoi, le duc fit écrire au baron de Sommièvre la lettre suivante que nous possédons :

« Je vous prye ne faillir, incontinent la présente receue, de me venir trouver en ce lieu avec quelque bon cheval et voz armes, parce que je me délibère de combattre à cheval et à pied et courir la bague, et vous ay choisi pour l'ung des meilleurs hommes que je prétende avoir... de Joinville, le huit septembre 1571. »

Le duc de Guise ajouta de sa main :

« Sommièvre je te prie ne me fault pas (ne me manque pas) et admene seullement ung bon cheval et tes plus belles armes.

« Vostre meilleur amy

« Le duc de Guise. »

M. de Sommièvre fut nommé, en 1578, bailli de Vitry-le-François et capitaine de Vitry-le-Brûlé.
La politique brouilla les deux amis : M. de Sommièvre, qui tenait le parti de Henri III contre la Ligue, eut à combattre le duc de Guise en 1581.

8

Vincent Vannarelli et non Banvarelle, ainsi que le nom est écrit dans l'arrêt du Parlement du 12 août 1621.
Vannarelli demeurait dans la rue du Sépulchre (actuellement rue du Dragon) et était élève de Hyéronime, maître d'armes de Louis XIII et de Gaston d'Orléans.

9

Jusqu'en 1644, l'aspirant à la maîtrise était expérimenté sur :

1° L'épée seule ;
2° L'épée et le poignard ;
3° La hallebarde ;
4° Le bâton à deux bouts.

Dans les nouveaux statuts que firent les maîtres d'armes en 1644, l'expérience ne porta plus que sur l'épée seule, l'épée et le poignard, et enfin sur l'espadon ou sabre.

Cependant, pour faire parade de son adresse, le récipiendaire faisait encore des exercices avec la hallebarde d'abord, et ensuite avec le bâton à deux bouts.

Au XVIIIe siècle, l'aspirant ne faisait plus qu'un assaut avec le fleuret et un autre avec l'épée et le poignard.

L'expérience des aspirants à la maîtrise se fit d'abord publiquement ; on entrait avec des billets dans le jeu de paume, lieu choisi ordinairement pour cette cérémonie ; mais la foule ayant causé plusieurs fois des désordres graves, un arrêt du 3 avril 1759 restreignit le nombre des assistants aux maîtres, aux fils de maîtres, et aux personnes invitées par le Procureur du Roi.

Nous donnons ci-après une liste qui a dû servir de programme pour la réception de Teillagorry neveu. Nous avons respecté l'orthographe des noms portés sur notre liste qui est manuscrite. La réception de Teillagorry neveu dut avoir lieu vers 1760 ; de la Boëssière, le dernier maître reçu, l'avait été en 1759.

Réception de Teillagorry neveu. Noms des maîtres en fait d'armes des Académies du Roy de Paris.

1. Mr Rousseau, chevalier de Saint-Michel, Doyen
2. Mr Dumouchel
3. Mr Daniel
4. Mr Deladroit
5. Mr Teillagorry
6. Mr Fauveau
7. Mr Leperche
8. Mr Thonnard
9. Mr Moter
10. Mr Chabot +
11. Mr Delarivière
12. Mr Danet

13   Mʳ Guillaume +
14   Mʳ Donnadieu +
15   Mʳ Delasalle +
16   Mʳ Devaucour +
17   Mʳ Delaboissière +

Les maîtres qui devront tirer à la réception du Sʳ Teillagorry sont ceux dont les noms sont marqués d'une croix.

10

Dans ses Mémoires, Brantôme dit que de son temps il était de mode d'aller apprendre l'escrime auprès de certains maîtres renommés de l'Italie.

Il cite parmi les plus célèbres : Tappe, de Milan, qu'il appelle le Grand; le Patenostrier, à Rome, maître d'épée seule, très excellent en cet art; Hyéronime; Francisque; Julle, de Milan; le Flaman; Bartholomée d'Urbin, maître d'armes à Rome.

Il cite encore le sieur d'Aymard (de Bordeaux), qui resta dix ans en Italie, galant homme certes, « quand il vivait, » ajoute-t-il.

11

Vincent Francquin ou Franquin de Saint-Ange naquit à Picinisco, petite ville située dans le royaume de Naples. Vincent de Saint-Ange vint se fixer en France où il obtint des lettres de naturalisation (13 octobre 1617).

Il fut un des signataires des Statuts rédigés par la Communauté en 1633 et en 1644.

Il eut l'honneur d'être choisi, en 1648, pour donner des leçons d'escrime au roi Louis XIV; il recevait deux mille livres chaque année pour remplir cette mission.

En 1652, il fut nommé maître d'armes du duc d'Anjou, frère du roi. La confirmation de la noblesse de Saint-Ange fut enregistrée par la Cour des Aides, le 8 juillet 1669.

Vincent de Saint-Ange, écuyer, chevalier des Ordres du

Roi, rendit le dernier soupir le 26 mars 1670, dans une maison de la rue Férou appartenant à Louis de Saint-Ange, son fils aîné, écuyer, aide de camp des armées du Roi.

C'est dans la salle d'armes de Vincent de Saint-Ange qu'eut lieu, en 1644, l'assaut de Philibert de la Touche avec un célèbre tireur italien, le comte de Dhona.

Dans cet assaut, qui fit beaucoup de bruit à l'époque, raconte de la Touche dans son traité d'escrime, le comte de Dhona ayant l'épée dans la main droite, en tenait la lame de l'autre main, à environ six ou huit pouces de la garde.

Philibert de la Touche lui donna les trois bottes franches, nombre fixé pour l'assaut.

Brevet de Maître tireur d'armes du Roy.

Aujourd'hui, etc. ... Janvier 1648, le Roy estant à Paris, aiant une particulière connoissance de la personne de Vincent de Saint-Ange, de son adresse et suffisance à tirer des armes, fidélité et affection à son service, Sa Majesté... etc. l'a retenu et retient pour lui monstrer apprendre à tirer des armes, aux gages de deux mille livres par chacun an, qui lui seront doresnavant paiés par les trésoriers généraux de sa maison présent et à venir, chacun en l'année de son exercice; veut et entend Sa Majesté, qu'il soit à cette fin couché sur l'estat général des officiers de sa maison en la ditte quallité, qu'il jouisse des honneurs autoritez prérogatives prééminences et priviléges à cette charge appartenant, sans difficulté et en vertu du présent brevet qu'Elle a voulu signer de sa main et fait contresigner par moy son conseiller secrétaire d'Estat de ses commandements.

Brevet de Maistre tireur d'armes de Monsieur le duc d'Anjou.

Aujourdhui... du mois de... 1652... L'intention qu'a Sa Majesté de donner à Monsieur le duc d'Anjou son frère unique les maistres qu'elle jugera capables de lui enseigner les exercices convenables à sa personne, elle a cru que pour celui des armes elle ne pouvait faire un meilleur choix que du sieur de Saint-

Ange tant à cause de la réputation qu'il s'est acquise en cet art par son expérience que de la confiance qu'elle a en sa fidélité.

C'est pourquoy Sa Majesté a retenu et retient pour enseigner à Monsieur le duc d'Anjou à faire l'exercice des armes, veut et entend que désormais il soit payé de ses appointements qui lui seront ordonnez pour cet effect dans les estats qui en seront par elle signez et arretez et qu'il y soit employé en qualité de Maistre d'armes de mon dit Seigneur pour jouir de cette charge et des honneurs privileges et prééminences y appartenant ainsi qu'en ont joui ceux qui ont été honorez de semblables retenues en vertu du présent brevet qu'elle a signé.

Retenue d'Escuier
tenant Académie pour le sieur de Saint-Ange.

DE PAR LE ROY, grand escuier de France et vous trésoriers et controleurs du fait et despence de nos escuries salut.

Les bons services que notre bien amé Louis FRANQUIN de SAINT-ANGE, escuier, Sr de FOCUX, nous a rendus pendant plusieurs années en qualité d'ayde de camp de nos armées et l'expérience qu'il s'est acquise dans tous les exercices nécessaires pour l'instruction de la noblesse, nous ayant fait résoudre de l'honnorer de la qualité de l'un de nos escuiers tenans académie dans notre bonne ville de Paris, NOUS pour ces causes l'avons ce jourd'hui retenu et retenons par ces présentes signées de notre main en l'estat et charge de l'un de nos escuiers tenant académie en notre dite ville de Paris pour, par lui, l'exercer tant dans la dite ville qu'autres de notre royaume en jouir et user aux honneurs, authoritez, prérogatives, priviléges, franchises, libertés, gages, droits, revenus et esmolumens accoutuméz et y appartenans tels et semblables qu'en jouissent nos autres escuiers tenans académie dans notre dite ville et ce tant qu'il nous plaira. Mandons a chacun de vous qu'après vous estre apparu des bonnes vie, mœurs, religion catholique apostolique et romaine du dit de Saint-Ange et par lui pris et receu le serment en tel cas requis et accoustumé vous ayez a faire enregistrer cette retenue es registres et papiers de nos dites escuries et du contenu en icelle le faire jouir et user pleinement et paisiblement et a lui obeir et entendre de tous ceux et ainsi qu'il appartiendra es choses concernant la dite charge.

Mandons en outre aux trésoriers de nos dites escuries que lesdits gages ils ayent à payer au dit de Saint-Ange à l'avenir aux termes et en la manière accoustumée suivant nos estats — Car tel est... etc.

Donné à Versailles sous le scel de notre secrétaire
le Xe mars 1673.

Par une autre Lettre donnée à Versailles (26 octobre 1675) la retenue d'écuyer tenant Académie en la ville de Paris fut faite en faveur de Louis Franquin de Saint-Ange, au lieu et place du sieur Forestier*.

Louis de Saint-Ange étant mort en 1679, Godefroid de Romans, écuyer, sieur de Nesmond, lui succéda dans cette charge.

12

Au commencement du xviiie siècle, il y avait à Paris trois Académies du Roi.

Une de ces écoles cessa d'exister en 1760, une autre en 1769 ; quant à la troisième, elle subsista jusqu'en 1790, portant en dernier lieu le titre d'École royale d'équitation. Le prix des leçons d'armes était le même dans les trois Académies : chaque élève payait dix-huit livres par an.

Lorsqu'en 1760, l'ancienne Académie de la Guérinière (devenue, en 1752, l'Académie de Croissy) cessa d'exister, le maître d'armes était Ladroit.

Il lui fallait encore deux ans afin d'achever les vingt années d'exercice requises pour être anobli.

* L'Académie Forestier est indiquée sur le plan de Gomboust (1652) à gauche dans la rue de Sorbonne (c'est actuellement la rue de l'Université).

Ladroit entra en survivance à l'Académie de Jouan; il y resta de 1761 à 1765.

Un peu plus tard, il en fut de même pour Motet à qui il manquait une année pour parfaire ses vingt ans d'exercice. Motet passa de l'Académie de Jouan, qui fermait ses portes, à l'Académie dirigée par Dugard.

SECONDE PARTIE

ESCRIME
ET
ESCRIMEURS
1556-1850

DUELS
ET
LETTRES DE RÉMISSION

VUE D'UNE SALLE D'ARMES (ALLEMAGNE, FIN DU XVIᵉ SIÈCLE)

(Vendredi, 8 mai 1556)

Pardevant etc... fut présent en sa personne Mathieu Gossu, maistre joueur d'espée à Paris, demeurant rue de la Vieille Pelleterie en la Cyté, lequel de son bon gré et de bonne volonté a recongnu avoir vendu, cédé, quitté, transporté et délaissé du tout de maintenant et à tousjours . . . .
à Jehan Gossu son fils, aussi maistre joueur d'espée à Paris, rue de la Buscherie. . . . .
une partie de jardin et la moitié d'une ferme sises au village de Villons, près l'hostel seigneurial dudict lieu.
. . . .

LETTRES DE PERMISSION

POUR MATHIEU DE LOR

(31 août 1570)

CHARLES, par la Grace de Dieu roy de France à nos amés et féaux les gens de nostre court de Parlement de Paris, prévot du dit lieu ou son lieutenant, salut et dilection, scavoir faisons que nous ayant egard et considération à la requeste qui faiste nous a esté en faveur de Mathieu De Lor, Maistre d'armes de nostre ville de Paris, nous lui avons permis et permettons qu'il puisse et lui soit loisible monstrer et enseigner en sa maison de laquelle il est propriétaire, assise rue Saint-Jacques en l'Evêché du dit Paris, de toutes sortes d'armes, d'escrimes à toutes personnes qui bon lui semblera et qui vouldront prendre l'exercice des dictes armes du dit De Lor.

Si vous mandons et enjoignons par ces présentes, que de nos présens congé licence et permission, vous faictes souffrez et laissez le dit De Lor joyr et user plainement et paisiblement sans aller ne veint ne souffrir qu'il soit allé ne venu directement ne indirectement au contraire ; ains si aucune chose avoit esté faicte ou attemptée au préjudice d'icelle permission, faictes le réparer et remettre incontinent et sans délai au premier estat et deu, et ce nonobstant les défenses par vous faictes au dit De Lor et quelconques ordonnances mandemens deffenses et lettres à ce contraire aux quelles, ensemble, à la dérogation de la dérogatoire d'icelle, nous avons pour ce esgard et sans y préjudicier en autres choses dérogé et dérogeons par les dites présentes. Car tel est nostre plaisir.

Donné à Paris, le dernier jour d'Aoust l'an de grâce 1570 et de nostre règne le dixiesme.

Par le Roy,

BRULARD.

Et scellées sur simple queue du grand scel de cire jaune.

(21 juin 1572)

*Registre de la Chambre du Conseil
de la Ville de Saint-Quentin.*

Si Laurent Fontaine maistre d'escrime demourant à La Fère veult venir demourer en ceste ville, il luy sera permis y tenir salle comme il a.

Il ne pourra enseigner et tenir salle ouverte durant le service divin, à peine de dix livres d'amende pour luy et aultant pour l'hoste.

Mesme décision à l'égard de Henry Souplet et Fontaine fils, maistres d'escrime, demourant en ceste Ville, y tenant salle.

RÉCEPTIONS DE MAITRES

ET

ÉLECTIONS DE JURÉS

Le mardi 9 Septembre 1586, au rapport des Jurez escrimeurs en faict d'armes de ceste ville de Paris, Egard Musquin a esté receu maistre etc.

Le mesme jour Jean Petit le jeune, a esté également receu maistre. (Ils étaient tous les deux fils de maîtres d'armes.)

Marcel Belly fut reçu maistre par expérience en 1587.

Les Jurés étaient : Jean Petit, Jean Langlois, Sébastien de Riquebourg et Marcel Duc.

Le 23 avril 1587, au rapport des Jurez en faict d'armes de ceste ville de Paris, Gérard Papillon a esté receu maistre en faict d'armes par chef-d'œuvre et faict le serment par devant Monseigneur Déjardin, substitut du procureur général du Roy, en la présence des maistres P. PETIT et C. COCHEY jurez, et aultres maistres.

Le 12 août 1587, GRANDJEAN, LALOY et Sébastien de RIQUEBOURG furent élus JURES.

Les maîtres qui obtinrent ensuite le plus grand nombre de voix furent MUSQUIN, Alexandre PRÉVOT et Pierre VALLET.

Le 2 décembre 1587, Jean LANGLOIS, fils de Jean LANGLOIS, est reçu maître.

---

30 mai 1588.

Jurés élus { Pierre CHAUDIÈRE............ 8 voix.
            Alexandre PRÉVOT............ 8 —

Après eux Pierre VALLET eut le plus grand nombre de voix.

---

22 août 1589.

Jurés élus { Pierre CHARENNY............ 10 voix.
            Jean LECOQ.................. 8 —

RÉCEPTIONS DE MAITRES.

7 juillet 1590.

Jurés élus
- Claude CHARPENTIER.......... 10 voix.
- Jean LANGLOIS...............
- Nicolas DUBUISSON............

30 septembre 1594.

Juré élu : Alexandre PRÉVOT, en remplacement de Marcel DUBUISSON.

12 août 1602.

Jurés élus
- Pierre VALLET............... 10 voix.
- Nicolas DUBUISSON.... .... 10 —

27 janvier 1604.

Jacques BOURDON est élu Juré en remplacement de Pierre VALLET.

Au XVe siècle, une famille patricienne de Crémone portait le nom de Cavalcabo.

En 1588, Zacharia Cavalcabo fit réimprimer à Bologne, chez Guio Rossi, le traité d'escrime que Viggiani dal Mantone, de Bologne, avait publié à Venise, en 1575.

En 1609, un gentilhomme français, le sieur de Villamont, fit paraître un livre dont voici le titre : « Traité ou instruction pour tirer des armes, de l'excellent scrimeur Hyéronime Cavalcabo, Bolognois, avec un discours pour tirer de l'espée seule, fait par le deffunt Patenostrier de Rome. »

Traduit d'italien en françois par le seigneur de Villamont, chevalier de l'ordre de Hiérusalem et gentilhomme de la Chambre du Roy.

— A Rouen, chez Claude Le Villain, libraire et relieur du Roy, demeurant à la rüe du Bec, à la Bonne-Renommée. 1609.

In-12. Dédié au Maréchal comte de Brissac.

Hiéronyme Cavalcabo ne serait-il pas le maitre d'armes de Louis XIII, et le père de César Cavalcabo?

Le maître d'armes de Brantôme se nommait Jacques Ferron. Il était né à Asté, bourg situé près de Bagnères-de-Bigorre.

Jacques Ferron fut tué à Sainte-Bazeille au mois d'avril 1586, pendant le siège de cette petite ville par le duc de Mayenne.

ESSAY

DES

MERVEILLES DE NATURE

Par René FRANÇOIS

PRÉDICATEUR DU ROY

ROUEN
—
1622

Le P. Étienne Binet, prédicateur du Roi, publia en 1622 (*sous le pseudonyme de René François*) une sorte d'encyclopédie en un volume, ayant pour titre *Essay des merveilles de nature, etc.* Ce livre obtint du succès : nous en connaissons jusqu'à treize éditions. Un chapitre de ce livre, consacré au *Tirage des armes,* nous fournit des renseignements très curieux sur les termes en usage dans les salles d'armes du temps de Louis XIII.

C'est dans cet ouvrage que nous trouvons pour la première fois le mot *fleuret* écrit comme de nos jours.

Divers auteurs du xvie siècle : Étienne Pasquier dans ses *Recherches historiques,* Montaigne dans ses *Essais,* écrivent *floret.*

Un rude tireur le floret au poing. (Montaigne.)

LE TIRAGE DES ARMES

I

On appelle fleuret, ou brette, une espée rabattue et sans pointe.

Le bouton, c'est le bout de l'espée rabattu et ramassé en bouton.

Le bout du fleuret, c'est esteuf, ou cuir rembourré qu'on met au bout afin qu'en donnant on ne meurtrisse.

Aussi dit-on au garçon, mettez un bout au fleuret.

2

La garde, c'est ce qui est sur la poignée pour couvrir la main ; le fort c'est environ un pied de longueur depuis la garde ; le reste jusqu'au bout se dit le faible de l'espée.

3

Quand on se présente en la salle, on demande : Monsieur, voulez-vous faire ? ou voulez-vous faire assaut, c'est-à-dire, voulez-vous tirer des armes ?

Puis ramassant et décroisant les armes, voire par honneur les baisant, on dit : Messieurs, gardez les yeux, c'est-à-dire, on se deffend mutuellement de donner au visage.

Si malheur porte, que le coup échappe, et qu'on le porte au visage, aussi tost on met bas les armes, et va-t-on accoler celuy qui a receu, et comme le prier d'excuser le hazard.

4

Le Maistre d'Escrime ne se bat quasi jamais, mais il

y a un prévost, c'est-à-dire comme lieutenant ou soub-maistre, qui se bat et qui soutient tout assaillant.

Le Maistre voit, instruit, donne le holà quand le sang s'échauffe, marque les fautes, et juge les coups.

5

Les bons coups s'appellent bottes franches, quand le fleuret marque le coup tout entier, et donne tout droit et en plein ; si ce n'est qu'a demy, ou en passant, ils appellent cela manquer.

6

Il faut estre en mesure pour donner ou recevoir le coup, c'est à dire, il faut planter le pied droit devant et bien ferme, et en posture asseurée, mais isnelle (*promptement*).

Estre hors de mesure, c'est quand on est ou trop avancé en danger de tomber, ou pencher, et donner prise à l'ennemy, ou trop reculé, ou le pied en l'air, et le corps en balance, et peu affermy.

7

On dit estre en eschole, c'est à dire, bien ajuster son corps, et le porter droit ou il faut, comme si on dit garde le bouton ; pour ajuster et estre en eschole, il faut donner droit dans le bouton.

Si on ne le fait, on dit qu'on n'est pas en eschole,

c'est à dire, qu'on a oublié, ou bien qu'on n'a pas encore bien appris les termes et les coups de l'eschole.

On dit aussi ajuster le coup, ou non ajuster.

8

Il faut avoir toujours l'œil au guet, et sur l'ennemy, surtout à ses yeux; car souvent il darde là son coup d'œil où il veut porter la pointe de son espée. Ainsi on se met en deffense.

Quand on lève le pied droit pour s'avancer, on appelle cela le temps; de là prendre le temps, c'est bien à propos s'avancer : gagner le temps, c'est prévenir votre homme, et pendant qu'il se dispose à prendre son temps vous le prévenez. Ainsi perdre son temps, c'est quand on ne sçait pas bien mesnager cet avancement de pieds.

9

On dit porter une estocade, la recevoir, parer, donner, enfoncer son homme, retirer le pied en arrière, faire une glissade en arrière, lascher le pied, donner un saut.

Après le coup, il se faut aussitôt remettre en mesure, c'est à dire le pied droit devant planté bien ferme, et le corps bien assis, autrement on chancelle aisément.

10

Il y a plusieurs feintes, la haute, la droite, la basse, à l'entour du poignard, aux yeux.

Les niais s'amusent à faire parade, et des feintes en l'air, et faire la beste, mais il faut toujours prendre la feinte pour le coup, car souvent on tire sans feinte, et pour bien faire il faut que le coup suive immédiatement la feinte.

Il faut aussi que le pied et la main aillent tout d'un temps.

Jamais il ne faut retirer le bras et le pied pour mieux donner, et de plus grande roideur, c'est une erreur populaire.

Jamais il ne faut reculer, mais toujours advancer et pousser. Car en retirant pour donner, l'ennemy voit venir le coup, et pendant que vous retirez il vous prévient et vous donne.

11

S'ouvrir ou se donner en personne, c'est quand, ou pour attirer votre ennemy et le tromper, ou par mesgarde vous déjoignez les armes, et montrez tout vostre estomach et toute vostre personne, faisant beau jeu à vostre ennemy pour vous percer tout outre. Se serrer au contraire, c'est joindre ses armes, et quasi couvrir sa personne du fleuret et de l'espée blanche ou du poignard.

12

Risposte, s'appelle quand on donne et qu'on reçoit quasi en même temps. Ainsi dit-on, cestuy là a la risposte prompte, car il vous respond, et vous restitue tout aussitost le coup que vous lui avez presté.

Ceux qui ont bien les armes en main ne craignent pas la risposte, d'autant que le fort de leur épée les pare.

13

Qui sçait bien manier l'espée n'a guères affaire de poignard pour parer les coups. Car du fort il prend le foible, c'est à dire, il reçoit la pointe de l'espée de son ennemy sur le fort de la sienne, et la fait voler en l'air, et la rompt ou au moins esquive le coup.

Un des grands secrets, c'est de sçavoir bien mesnager le fort de son espée, c'est une invention d'un brave maistre du jeu des armes.

14

On dit passer, lorsque l'un s'ouvrant trop, ou n'estant pas bien sur ses gardes, l'autre lui donne un coup en plein, droit, et comme s'il luy vouloit passer sur le ventre, et après lui avoir donné le coup à travers il le vouloit renverser sur le pavé. Or, si celuy à qui on porte ce coup, se retourne de costé, retirant le pied droit en arrière, le coup passe en l'air, et luy cependant porte droit au cœur le coup d'estoc qu'on lui vouloit donner et cela se dit quarter, c'est à dire en esquivant le coup de celuy qui veut passer sur nous, ou nous passer l'espée à travers le corps, nous destournant un peu, démarcher et l'enfiler luy mesme.

15

On n'use point à cette heure de taille, d'estramasson ou semblables coups; tout passe maintenant en estocades et donner de pointe, plustot que du tranchant de l'espée : car ce sont horions et vrais coups de Suisses et d'Allemans, que ces revers et coups ramenez à force de bras pour avaller une espaule, ou couper un jarret tout net, etc.

Sous le règne de Louis XIII, les maîtres d'armes de Toulouse, dans le but d'exciter l'émulation chez leurs élèves, résolurent de réunir ces derniers dans un concours annuel, et de décerner des prix aux deux vainqueurs de ce tournoi.

Une épée en vermeil était la récompense du premier; le second recevait une épée en argent. Un peu plus tard, les capitouls et le corps de ville firent supporter la dépense de ces prix par la ville de Toulouse, dont les armes furent gravées sur la lame de ces épées.

Ils accordèrent en plus, à qui les avait méritées, l'entrée franche au spectacle et le droit de se présenter à l'Hôtel de Ville avec l'épée.

Il fallait être d'une famille noble ou honorable pour

prendre part à ce concours qui avait lieu au même moment que celui des Jeux floraux.

M. de Montandier, avocat et capitoul sous Louis XIV, remit en vigueur cet usage qui commençait à tomber en désuétude.

En 1754, le plus ancien maître d'armes de Toulouse était Plate, dont le père, l'aïeul et le bisaïeul avaient enseigné l'escrime.

Le bisaïeul avait même été un des promoteurs de l'institution des prix.

Une gravure de Bonnart, qui vivait sous Louis XIV, représente un maître d'armes en costume de l'époque; au bas de la gravure se trouve le quatrain suivant :

> Au lieu qu'on ne sauroit sans honte
> Les moindres touches endurer,
> Ce maître à se faire bourrer
> Trouve son honneur et son compte.

Pierre Daniel, avant d'être maître d'armes, s'était battu en duel et avait tué son adversaire.

Ne pouvant obtenir de Lettres de rémission, il alla se réfugier à Orléans, et y attendit qu'un nouvel évêque eût fait en sa faveur usage de son droit épiscopal.

Jusqu'à la Révolution, les évêques d'Orléans possédaient le droit de grâce, qu'ils exerçaient le jour de leur sacre, au moment de leur entrée solennelle dans la ville.

Sous la Restauration, Mgr de Varicourt obtint, à son installation, de faire revivre ce droit.

Ce fut pour la dernière fois.

DÉCLARATION DE CENS

(28 août 1750)

Aujourd'hui est comparu par devant les conseillers du Roy notaires au Châtellet de Paris soussignés.

Demoiselle Eléonore Delamant, épouse non commune de biens du sieur Bertrand Teillagorry, maître en fait d'armes à Paris, et avant veuve du sieur Nicolas Deneux, demeurante à Paris, rue Neuve-des-Petits-Champs, paroisse Saint-Eustache, a déclaré et reconnu être détemptrice et propriétaire d'une maison sise à Paris, rue Saint-Honoré, où pend pour enseigne à la Ville de Constantinople, actuellement occupée par le sieur Lasalle marchand mercier.

1770

Dorcy, maître d'armes des académies du Roy, fait une déclaration au terroir de Paris, pour une maison qu'il possède au Préau de la foire Saint-Germain.

De 1750 à 1753, trois plaintes avaient été inscrites sur le registre de la Communauté contre un prévôt de Daniel, nommé Pierre-Antoine Lefebvre.

La première plainte portait qu'il avait menacé le maître Feauveaux jusque dans sa salle, la seconde qu'il avait forcé deux fois son maître, Pierre Daniel, à mettre l'épée à la main, sur la place du Louvre et près du Luxembourg.

Enfin il avait insulté Bertrand Teillagorry ainsi que plusieurs autres maîtres.

Sur une sentence en forme d'avis donnée le 9 février 1753 par le Procureur du Roi au Châtelet, le Lieutenant général de police, le 23 du même mois, cassa le brevet de prévôt de Lefebvre, et le déclara incapable d'être maître en fait d'armes.

Malgré cette sentence Lefebvre persista, et la même année se présenta à la maîtrise, soutenu par le bon vouloir de son maître Daniel qui était alors syndic, et en cette qualité avait même reçu par avance les 789 livres montant des droits de réception dus à la Communauté.

Les maîtres d'armes refusèrent de procéder à son expérience.

Vainement Lefebvre plaida contre la Compagnie ; le procès, qui dura quelque temps, se termina par un arrêt de la Cour du Parlement déclarant Lefebvre déchu de tout droit à la maîtrise.

Guillaume Danet, le célèbre auteur du traité de *l'Art des armes*, fut plusieurs fois Syndic et Garde des ordres de la Compagnie.

Dès l'apparition du premier volume de son ouvrage (1766), Danet eut beaucoup à se plaindre de ses confrères. Par esprit de routine ou par jalousie, la majeure partie ne voulut pas reconnaître la justesse des innovations apportées par Danet à l'art de l'escrime.

La Boëssière lui-même prêta le concours de sa plume à la petite guerre faite à Danet, et rédigea au nom de la Compagnie la critique de ce traité.

Mais dans le second volume qu'il fit paraître l'année suivante, Danet réfuta victorieusement les arguments de ses adversaires : la postérité lui donna raison.

Danet était maître d'armes des pages du prince de Conti ; en 1789, il recevait cent vingt livres par an pour prix de ses leçons.

Danet fut le premier directeur de l'École royale d'armes de la ville de Paris.

LA BOËSSIÈRE Père

Texier de La Boëssière naquit le 23 juillet 1723 à Marans, petite ville située près de la Rochelle.

Les parents de La Boëssière l'avaient destiné dès sa jeunesse à l'état ecclésiastique; il préféra être maître d'armes.

Lors de sa réception à la maîtrise, qui eut lieu en 1759, il fut expérimenté par les trois derniers maîtres reçus dans la Communauté : Donnadieu, Delasalle et Devocour.

En 1766, lorsque Danet publia son premier volume d'escrime, la Compagnie chargea La Boëssière d'en rédiger la critique : elle parut sous ce titre : « Observations sur le traité de l'Art des armes, pour servir de défense à la vérité des principes enseignés par les maîtres d'armes de Paris, — Par M**, maître d'armes des Académies du Roi, au nom de la Compagnie, 1766. »

Cette critique fut une erreur que dut regretter plus d'une fois le maître qui forma tant de brillants élèves.

La Boëssière avait du goût pour les belles-lettres ; il écrivit plusieurs pièces de théâtre : entre autres, une comédie, *Crispin valet d'auteur,* un opéra, *la Coquette à la campagne;* il fit aussi quelques poésies.

Si la renommée ne s'est pas attachée à son nom comme poète et auteur dramatique, il eut du moins comme maitre d'armes la gloire d'avoir formé le célèbre chevalier de Saint-George.

A ce nom illustre, ajoutons ceux de Gomard père, de Cavin de Saint-Laurent, de la Madeleine, de Pomart et de La Boëssière fils, l'auteur du traité d'escrime.

Texier de la Boëssière est mort à Paris, le 1er mai 1807, à l'âge de quatre-vingt-quatre ans. Trois mois auparavant, il donnait encore des leçons d'armes.

Il nous a paru curieux de donner la préface de son poème sur la mort du prince de Brunswick-Lunebourg.

Ce prince périt en 1785, victime de son dévouement, en se portant au secours de deux malheureux qui se noyaient.

Nous faisons suivre cette préface de la lettre qu'écrivit La Boëssière, en l'an XII, au commissaire du gouvernement attaché au Théâtre-Français et la réponse du commissaire à cette lettre.

Il s'agissait de strophes composées par La Boëssière, alors âgé de quatre-vingts ans.

LA
MORT GÉNÉREUSE
DU PRINCE
LÉOPOLD DE BRUNSWICK
POÈME ÉLÉGIAQUE

PAR

M. TEXIER DE LA BOËSSIÈRE

MAITRE D'ARMES DES ACADÉMIES DU ROI
ET DES PAGES
DE SON ALTESSE SÉRÉNISSIME MONSEIGNEUR LE DUC DE PENTHIÈVRE

> Qui descend au tombeau par son humanité
> Est un héros qui monte à l'immortalité.

A PARIS

Chez { l'Auteur.
BAILLY, libraire, rue Saint-Honoré, vis-à-vis la Barrière des Sergents,
Et les MARCHANDS de Nouveautés.

M DCC LXXXVI

PRÉFACE

La sensibilité, plutot que le talent poétique, m'entraina et me fit célébrer le dévouement héroïque du Prince Léopold de Brunswick. Ma pièce finie, je voulus juger de son effet. J'en fis lecture à trois personnes séparément.

A la fin du récit de l'évènement où périt le Héros, toutes trois répandirent également des larmes. Dès-lors j'avois les applaudissements de la nature; il me manquoit les suffrages de l'art.

J'eus la témérité d'envoyer l'Ouvrage à l'Académie Françoise pour le faire participer au concours qu'avoit fait annoncer un Prince grand, sensible et généreux.

L'Académie sévère, et qui jugea qu'elle devoit l'être dans la circonstance, se déclara généralement peu satisfaite, et remit le prix à 1787.

Dès ce moment les Zoïles des Clubs et des Cafés commencèrent à s'égayer aux dépens des pauvres Concurrents.

Ces Messieurs savoient que j'étois du nombre; quoiqu'ils ne connussent point mon ouvrage, je n'en eus pas moins part à leurs sarcasmes, que leur prudente causticité lachoit toujours indirectement.

Je n'ai point la sotte vanité de m'élever au Parnasse, mais je veux être jugé tel que je suis. Cette raison me parut suffisante pour me déterminer à faire imprimer.

Décidé à ne plus rentrer au concours, je m'ouvris à un homme célèbre par ses connoissances littéraires; il me conseilla de retoucher quelques endroits de ma pièce et de la renvoyer au second concours. Je profitai, sans perdre de temps, autant que je pus, du premier avis; mais aucun espoir ne peut me faire différer à rendre publiquement mon hommage aux cendres de Léopold, et aux Personnes que j'ai célébrées; d'autres raisons puissantes m'engagent encore à prendre ce parti.

Je suis d'un âge où l'homme qui raisonne d'après le calcul des probabilités se voit incertain d'exister l'année suivante.

Je professe depuis trente ans un art dans lequel j'ai gagné, sans charlatannerie, la confiance publique.

Depuis ce temps, toujours occupé, j'ai eu peu de moments à donner à la littérature, et quand j'aurois reçu de la nature quelques germes de talent, l'ayant si peu cultivé, puis-je prétendre aujourd'hui à la perfection exigée par l'Académie.

De plus, un Poëte accoutumé à moissonner des lauriers, un Académicien célèbre, un Juge du concours a traité le sujet proposé, mais en assurant avec une honnête décence qu'il n'entend point croiser les intérêts des Concurrents.

Il a lu sa production à l'Académie, où elle a obtenu un suffrage général et mérité.

Partant toujours d'un principe de désintéressement dont il a déjà donné la preuve, il a porté son ouvrage à Versailles, et l'a fait passer dans les Cours d'Allemagne.

D'après cela si je rentrois dans la carrière, ne serois-je pas regardé comme un pygmée qui veut s'élever à la hauteur d'un grand homme? Je ne me donnerai point ce ridicule, et crainte d'en avoir la tentation, je me fais imprimer.

Si j'ai le malheur d'être mal accueilli du Public, ce sera une leçon qui m'empêchera de l'ennuyer une seconde fois, en me guérissant de la démangeaison que j'ai de mettre au jour nombre de petits Ouvrages, timides enfants de mes loisirs.

Je les jetterai impitoyablement au feu, je briserai ma triste lyre; alors, me retranchant dans mon état, je me consolerai avec orgueil, et dirai : Racine fit *Phèdre*, et moi j'ai fait *Saint-George*.

Citoien,

Les strophes que j'ai l'honneur de vous adresser furent présentées manuscrites au premier Consul par le Consul Cambacérès. Elles furent si bien reçues que cela m'engagea à les faire imprimer ; j'adressai les premiers exemplaires au premier Consul ; dans le jour même le citoien Maret, conseiller d'État et secrétaire général du Gouvernement, m'écrivit et m'annonça la satisfaction du premier Consul ; il m'indiqua en même temps le moyen d'en faire passer aux chefs des États-majors de l'armée d'Angleterre, ce que j'ai fait par le ministre de la Guerre.

Le Consul Lebrun à qui j'en envoyai aussi des exemplaires m'en fit des remerciements par une lettre de sa main, dans ces circonstances j'ai une grâce à vous demander, citoien commissaire, ne pourrait-on pas les faire déclamer entre les deux pièces au théâtre de la République et cela le jour que vous jugerez à propos. Si vous ne voulez pas prendre cela sur vous, parlez-en, je vous prie, au ministre de l'intérieur, et au préfet du palais si cela le regarde, je ne crois pas qu'ils s'y opposent. Nous sommes dans un moment où on ne peut trop animer l'esprit national contre un ministère aussi perfide que celui d'Angleterre ; cela donnerait à ces strophes plus de publicité et me mettrait à même d'envoyer un plus grand nombre d'exemplaires aux armées, n'en ayant point fait tirer un assez grand nombre.

A l'égard de messieurs les artistes du théâtre français, j'ai des amis parmi eux et ils ont trop de patriotisme pour croire qu'ils s'y refusent.

Il me reste, citoien, encore une grâce à vous demander : c'est de me faire savoir votre décision, attendu que je ne veux faire paroître aucun des exemplaires que j'ai dans les mains avant de savoir ce que vous avez décidé.

Je serai avec reconnoissance et respect.

Votre dévoué serviteur.

Maître d'armes, rue Honoré, vis-à-vis l'Oratoire, n° 45.
Ce 12 Vendémiaire an 12.

LE CRI
DE LA VENGEANCE

SUR

LA RUPTURE DE LA PAIX

ET LES

FORFAITS DES MINISTRES DE L'ANGLETERRE

PRÉSENTÉ AU PREMIER CONSUL

STROPHES
DÉDIÉES AUX ARMÉES FRANÇAISES

PAR LE CIT. LABOËSSIERE

AUTEUR DE L'ODE A LA PAIX

APRÈS LA RATIFICATION DU TRAITÉ D'AMIENS

COMMENÇANT AINSI :

Succède à Mars divine Paix,
Fixe le bonheur sur la terre, etc.

Au citoyen Laboëssière
Maître d'armes, rue Honoré, vis-à-vis l'Oratoire, n° 45.

Paris, 13 vendémiaire an 12.

Citoyen,

J'ai reçu les strophes que vous avez composées contre les forfaits des ministres anglais et que vous m'avez fait l'honneur de m'adresser, je m'empresse de vous en remercier et de joindre mon suffrage particulier aux suffrages plus brillans mais non plus sincères que vous avez obtenus des premiers magistrats de la République. Vous désirez que pour donner plus de publicité à ces strophes qu'elles soient récitées sur le théâtre français, il me serait agréable de pouvoir vous complaire en cette circonstance ; mais un arrêté du gouvernement plusieurs fois renouvellé par la police, défend aux artistes de rien chanter, de rien déclamer qui soit étranger à leurs rôles, et le règlement particulier de la comédie prescrit de ne faire même dans les rôles des pièces anciennes aucune espèce de changement sans qu'ils ayent été soumis à la censure du Préfet du Palais.

D'après des ordonnances aussi formelles vous jugez,

citoyen, de l'obligation rigoureuse où je me trouve de ne laisser prononcer sur le théâtre français que ce qui se trouve dans les pièces approuvées par le gouvernement.

Veuillez donc recevoir mes excuses sur l'impossibilité où je me trouve de faire ce que vous désirez et agréez avec mes regrets le salut de ma parfaite considération.

LE CHEVALIER DE SAINT-GEORGE

La vie du chevalier de Saint-George était bien faite pour tenter les biographes : aussi a-t-elle été décrite plusieurs fois.

Nous sommes surtout redevables à La Boëssière fils de nous avoir laissé, dans son traité d'escrime, des renseignements très précieux sur l'élève de son père.

Saint-George naquit à la Guadeloupe, le 25 décembre 1745 ; il était mulâtre.

Son père, M. de Boulogne (qui devint fermier général), l'amena à Paris dès l'âge de dix ans, et lui fit donner une brillante éducation.

Saint-George avait treize ans lorsqu'il fut mis en pension chez La Boëssière père ; il y resta six années. Les matinées étaient employées à son instruction ; il passait le reste de la journée à la salle d'armes.

Il apprenait avec la plus grande facilité tout ce que ses maîtres lui enseignaient.

Ses progrès en escrime ne furent pas moins rapides.

A quinze ans, dit La Boëssière, il battait les plus forts tireurs; à dix-sept ans, il avait acquis la plus grande vitesse; avec le temps, il joignit à la prompte exécution, des connaissances qui achevèrent de le rendre inimitable.

Saint-George conserva cette vitesse jusqu'à quarante ans; à cet âge, il se cassa le tendon d'Achille du pied gauche. Cet accident lui arriva en dansant dans un bal.

Saint-George était parvenu à la taille de cinq pieds six pouces ($1^m,782$); il était très bien fait et doué d'une force de corps prodigieuse.

Bon cavalier, élégant danseur, nageur infatigable, tous les exercices du corps lui étaient familiers; il excellait dans tous.

Il gagna, étant en Angleterre, un pari de cinq cents livres au prince de Galles en franchissant d'un bond les larges fossés du château de Richmond.

Violoniste remarquable, il a laissé des concertos et surtout un menuet célèbre qui porte son nom.

Toutefois, nous devons ajouter qu'il s'essaya dans la composition de plusieurs opéras-comiques, mais qu'il n'y réussit pas.

A la fin de l'année 1775, l'Opéra étant sur le point d'être mis en régie, plusieurs sociétés se présentèrent; Saint-George, qui était à la tête de l'une d'elles, fut à la veille d'obtenir la direction du théâtre.

Mais Sophie Arnould, Guimard, Rosalie, etc., informées de ce fait, adressèrent aussitôt un placet à la reine, en lui représentant que leur honneur et la délicatesse de leur conscience ne leur permettaient pas d'être soumises aux ordres d'un mulâtre.

Le cas était fort embarrassant; après un grand nombre de pourparlers, le roi trancha la difficulté en faisant régir l'Opéra pour son compte.

Saint-George entra dans les mousquetaires, fut capitaine des gardes du duc de Chartres, capitaine des chasses et surintendant de la musique du duc d'Orléans.

Il fut aussi écuyer de Mme de Montesson.

Pendant la Révolution, Saint-George leva un régiment de cavalerie légère qu'il conduisit à l'armée du Nord.

Le 27 septembre 1792, il envoya une lettre à l'Assemblée nationale pour annoncer la reprise de Saint-Amand et la levée du camp de Maulde.

Quelque temps après, il fut arrêté comme suspect et ne dut son salut qu'au 9 Thermidor.

Saint-George eut, vers l'âge de cinquante-quatre ans, un ulcère qu'il négligea de faire soigner; la gangrène s'y mit et occasionna sa mort, arrivée à Paris, le 12 juin 1799.

Nous donnons le fac-similé de la signature de Saint-George dans la pièce suivante. Surintendant de la musique du duc d'Orléans, il donne son approbation aux sommes portées sur ce compte.

ETAT DES MUSICIENS

EMPLOYÉS AUX SPECTACLES POUR LE SERVICE DE MONSEIGNEUR

Lescuyer..............	4 fois	96 livres
Lefebvre	3 —	36 —
Pradere...............	4 —	48 —
Rousseau l'aîné........	3 —	36 —
Rousseau cadet........	3 —	36 —
Menel................	3 —	36 —
Piquot................	4 —	48 —
Chelard..............	3 —	36 —
Lidski................	2 —	30 —
Danner, solo..........	4 —	6c —
Giuliano, solo.........	3 —	48 —
Fiorillo, solo..........	4 —	60 —
Blondeau	3 —	36 —
	Total. . . .	606 livres

rue Bon De St Georges

« Monsieur le Président,

« Saint-George dont le patriotisme est reconnu depuis la Révolution et d'après la conduite qu'il a tenue à Lille en Flandres où il a résidé deux ans et où il a commandé une compagnie de gardes nationales qu'il n'a quittée que pour servir en qualité d'aide de camp volontaire de Messieurs Duhon et Miaizinscky laquelle conjointement avec tous les citoiens répondront de son patriotisme a accepté le commandement des hussards du midy désirant de continuer et de s'immortaliser par sa valeur et son enthousiasme pour la liberté, ne pouvant prouver son zele et assurer les succès qu'avec un corps épuré et approuvé par les differentes sections dont il chérit le civisme, espere être secondé par elles, en voulant approuver ou désaprouver les enrôlemens qu'il aura l'honneur de leur adresser successivement.

« Il a l'honneur d'être, Monsieur le Président,

« Votre très humble

« Et très obeissant serviteur,

« Saint-George. »

Des lettres semblables à celle qui précède furent probablement envoyées à tous les présidents des sections de Paris.

La lettre que nous possédons n'est que signée par Saint-George.

DÉPARTEMENT DE POLICE.   MUNICIPALITÉ DE PARIS.

N° 87.   Le Concierge de l'Abbaye recevra de MM. Rousseau Préposé de la Police Municipale et Pile Appariteur de Versailles, Le S. Rousseau e Maître d'Armes des Enfants de France et le gardera jusqu'à nouvel ordre. Les Administrateurs de Police, Membres de la Commission de Surveillance.

À la Mairie le 28. Oout 1792. l'an 4. de la Liberté.

Rossignol
Buël
Duffort
Duchesne

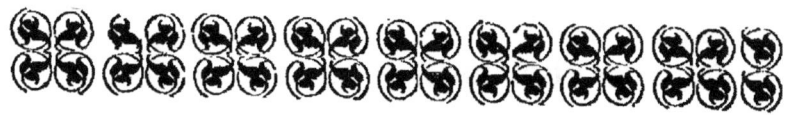

ROUSSEAU (Augustin)

Rousseau, Augustin-Bernard-Louis-Joseph, naquit à Versailles vers 1748.

Issu d'une famille d'illustres maîtres d'armes, il devint lui-même professeur d'escrime des enfants de France.

Arrêté le 10 août 1792, incarcéré le 18 du même mois à l'abbaye, Rousseau fut transféré dans une autre prison avant les massacres du 2 septembre.

Mais, s'il échappa aux sicaires dirigés par l'ex-huissier Maillard, son supplice ne fut que différé.

Compris dans une *fournée* de vingt-huit personnes traduites, le 25 messidor de l'an II (13 juillet 1794) devant le tribunal révolutionnaire, siégeant salle de la Liberté, il fut comme ses coaccusés condamné à mort et exécuté le même jour.

L'acte d'accusation le qualifiait de « conspirateur ayant été arrêté le 10 août au château des Tuileries, vêtu d'un habit d'uniforme national avec un bouton de ralliement ».

Après le prononcé de l'arrêt de mort, un des juges s'écria : « Pare celle-là, Rousseau ! »

Le *Moniteur* du 25 messidor porte : « Rousseau... maître des exercices et armes des enfants de Capet. »

Mme Campan était une belle-sœur d'Augustin Rousseau.

Amédée, le plus jeune des fils de l'infortuné Rousseau, naquit à Versailles vers 1790.

Sous le nom d'Amédée de Beauplan, il fit paraître un grand nombre de partitions de musique ; plusieurs de ses romances eurent beaucoup de succès.

Amédée Rousseau, qui mourut à Paris en 1853, avait pris le nom de Beauplan d'une terre que sa mère possédait près de Chevreuse.

Lettre adressée à la citoyenne Antoine.
Pavillon ci-devant Orléans, rue de l'Union, n° 21
A Versailles.

24 Messidor, 11 heures du soir.

Tu as été bien trompée, ma pauvre chère et adorée Julie, sur les espérances qui t'ont été données, me voilà au dernier échelon des persécutions exercées contre moi.

J'attends avec le calme de l'innocence mon acte d'accusation qui doit m'être signifié dans la nuit. Je porterai au tribunal le courage qu'inspire la pureté de la conscience.

J'employerai tous mes moyens pour convaincre des juges intègres que j'ai toujours été l'ami de mon pays, et si les apparences souvent trompeuses me font subir un jugement que j'ai la certitude de n'avoir pas mérité, je ne m'en prendrai qu'à un temps de révolution, où l'innocent peut être frappé.

Tous mes regrets, ma chère et adorée Julie, seront d'être séparé de toi, de mes enfans, de notre amie.

Je vais passer la nuit à penser à vous, et si je succombe, je serai l'heureux de vous toutes.

Je te recommande de conserver ton courage ; c'est la seule marque d'attachement que tu puisses donner à ma mémoire.

Je demande à ton amie de ne jamais se séparer de toi, et j'y compte, j'engage mes filles à conserver pour toi, dans tous les tems, la tendresse et le respect qu'elles doivent à tes vertus.

Je leur demande excuse ainsi qu'à toi des petites vivacités que j'ai eues vis-à-vis d'elles et de toi ; mon cœur vous est assez connu pour croire qu'elles n'étaient pas coupables.

J'espère qu'Auguste te consolera par la meilleure conduite, et qu'il me remplacera en cherchant à vous procurer un sort heureux.

J'ai de l'espoir pour les qualités d'Amédée; il te donnera de la satisfaction.

Il est dix heures et je reçois mon acte d'accusation ; il est fondé sur mes boutons de signe de ralliement et sur ce que j'ai été arrêté au château le 10 août.

Je n'aurai pas de peine à me deffendre sur cette fausseté, et la justice du tribunal me donne tout lieu d'espérer.

Adieu, ma bonne ; du courage, je t'en conjure ; reçois l'assurance d'un attachement qui ne finira qu'avec moi.

J'embrasse mes enfans bien tendrement, ma tante et ton amie qui j'espère restera la mienne.

L'on m'a ôté le médaillon de Joséphine et les deux anneaux.

Rouspeau

24 menidors a 11 heures du soir.

Je t'embrasse mille fois ; demain à midi mon sort sera décidé.

On lit, dans les mémoires du baron de Vitrolles, que trois maréchaux de France avaient été maîtres d'armes dans leur jeunesse.

Augereau donna des leçons d'escrime au Locle, petite ville de Suisse, puis à Naples qu'il quitta pour venir prendre du service en France.

Lefebvre avait été maître d'armes dans les gardes françaises.

Quant à Bernadotte, le futur roi de Suède avait été, au début de sa carrière militaire, prévôt dans le régiment de Royal-Marine.

Vers la fin du règne de Louis XVI, il existait un cirque dans le jardin du Palais-Royal.

Des assauts d'armes s'y donnaient fréquemment et mettaient aux prises maîtres et amateurs.

Pendant ces assauts, qui commençaient à cinq heures, des morceaux de musique étaient exécutés.

Le prix d'entrée était fixé à vingt-quatre sols.

Charlemagne (François-Charlemagne Vattier, dit) naquit à Falaise, le 28 janvier 1779.

Il était capitaine du train des équipages de la garde en 1814; l'année suivante, il quitta le service militaire et fonda une salle d'armes qui devint une des plus renommées de Paris.

Charlemagne se retira en 1841 ; mais il continua à donner des leçons d'armes aux princes d'Orléans.

Charlemagne est mort en novembre 1857, à Mainville (Seine-et-Oise).

Vers 1830, un prévôt de Charlemagne faisait assaut avec un élève, le fleuret de ce dernier se cassa et le tronçon pénétrant dans le haut du bras, près de l'aisselle, blessa grièvement le prévôt.

Afin d'éviter le retour d'accidents de ce genre, Charlemagne fit ajouter à toutes les vestes la peau qui garnit actuellement la manche droite, depuis l'épaule jusqu'au milieu du bras.

DARESSY (Jean)

Jean-Anselme Daressy, fils d'un employé à la subdélégation de l'évêché d'Agen, est né dans cette ville, rue Saint-Hilaire, le 14 avril 1770.

Près de la maison paternelle, un maître d'armes, nommé Blondin, tenait une « Académie », comme on disait alors.

Une vitre imparfaitement dépolie permettait aux curieux de voir l'intérieur de cette salle ; aussi, le jeune Daressy, connaissant cette particularité, en profitait-il en revenant de l'école pour regarder les tireurs s'exercer.

Blondin surprit cette assiduité ; il questionna l'enfant qui exprima son désir d'apprendre l'escrime.

Blondin fit part à Daressy père du goût de son fils pour les armes, et proposa de lui enseigner les principes de son art.

La demande fut bien accueillie, et Jean Daressy devint en peu d'années un très fort et surtout un très élégant tireur.

Soldat à la fin de l'année 1793, voici le relevé de ses états de services :

DARESSY (Jean-Anselme).

Entré au 12ᵉ régiment de Hussards le 7 décembre 1793 ;
Brigadier, 7 décembre 1793 ;
Maréchal des logis, 30 janvier 1794 ;
Maréchal des logis chef, 20 août 1794 ;
Adjudant, 23 novembre 1795 ;
Sous-lieutenant, 9 novembre 1796 ;
Démissionnaire, 27 avril 1800.

CAMPAGNES.

1795-1796-1797-1798-1799
à l'armée de l'Ouest.

1799-1800
à l'armée d'Italie.

Après avoir donné sa démission d'officier, Jean Daressy revint à Agen où il obtint un emploi du gouvernement.

Comme ce poste ne lui prenait qu'une partie de son temps, il profitait de ses loisirs en se livrant à sa passion pour l'escrime.

Il avait même installé dans sa maison, rue du Marché-au-Blé, une salle d'armes qui devint un lieu de rendez-vous pour les amateurs de la ville et pour les maîtres de passage à Agen.

Jean Daressy donna aussi des leçons et forma quelques tireurs distingués parmi lesquels nous devons citer tout d'abord Justin Lafaugère, puis MM. Dutroil, Dufaure, de Campels, Martinelli, Gouget, Dubédat, Roux-Lassalle, Rouillès, Desparbès, Campistron, etc.

Ses deux fils, Pierre et Adolphe Daressy, furent également ses élèves.

Jean Daressy mourut à Agen, le 20 décembre 1821.

LA BOESSIÈRE, fils du maître d'armes de Saint-George, publia, en 1818, un traité d'escrime.

L'auteur, désirant présenter son ouvrage au ministre de l'intérieur, lui écrivit la lettre suivante :

A Son Excellence Monseigneur le Ministre de l'intérieur et Secrétaire d'État.

Monseigneur,

Je désirerais présenter à Votre Excellence un ouvrage que j'ai composé sur mon art et que j'ai présenté récemment à Sa Majesté et à Monsieur.

Je supplie Votre Excellence de me faire mander quel est celui de ses précieux moments qu'elle voudra bien m'accorder pour que je puisse lui offrir mon ouvrage.

J'ai l'honneur d'être avec un profond respect,
Monseigneur,
Votre très humble et très obéissant serviteur,

LA BOESSIÈRE.

Maître d'armes des anciennes Académies du Roi et du Manège royal, rue Saint-Honoré, n° 152.

La Boëssière a omis d'ajouter (oubli volontaire) qu'il avait été, de 1806 à 1814, professeur d'escrime des pages de l'empereur.

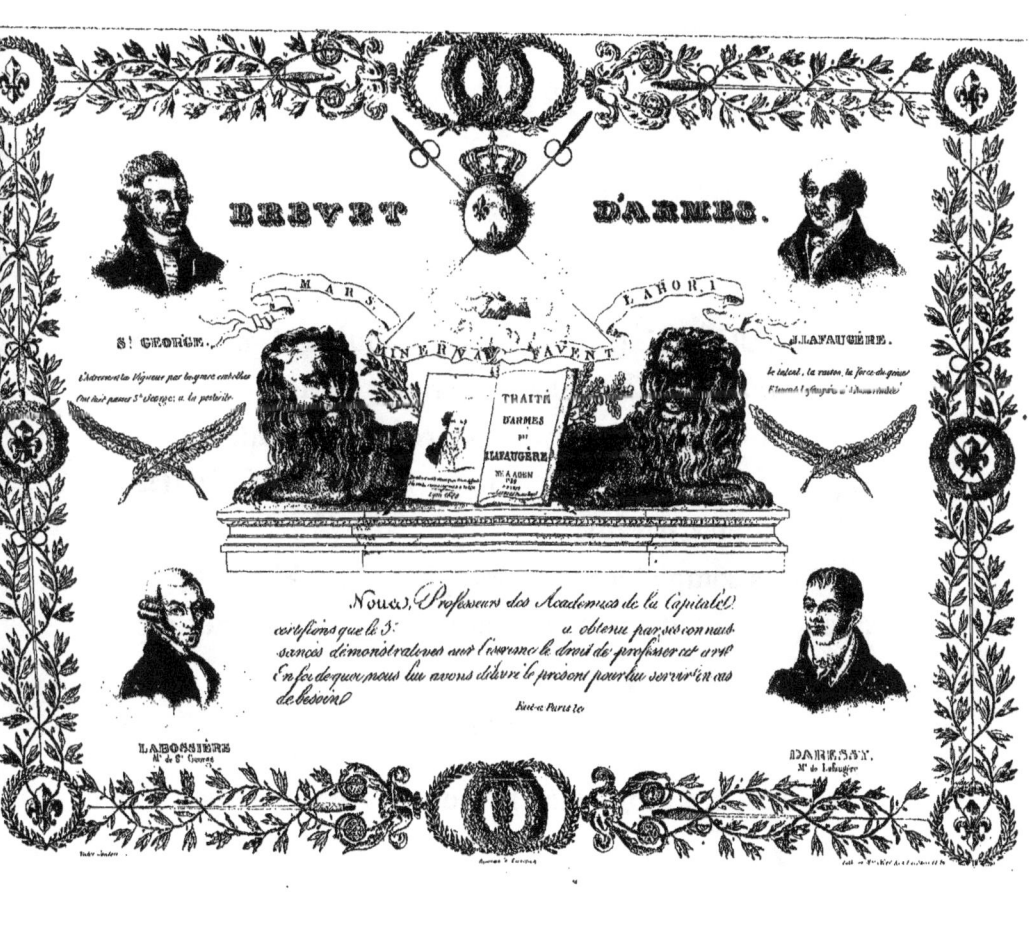

LAFAUGÈRE (Louis-Justin)

LAFAUGÈRE (Louis-Justin) naquit à Agen le 8 août 1782. Dans le traité d'escrime qu'il fit paraître en 1820, il donna sur sa vie des renseignements que nous reproduisons succinctement, en fixant par des dates les faits racontés par lui.

Nous complétons sa biographie et la faisons suivre de quelques anecdotes que nous tenons de personnes dignes de foi.

1800.

Lafaugère commence l'étude de l'escrime chez Jean Daressy.

1802.

Il entre au 25⁰ régiment de chasseurs à cheval en garnison à Carcassonne; quelque temps après, il part pour l'Italie avec son régiment.

1809-1810.

Lafaugère, libéré du service militaire, rentre en France et retourne à Agen. Après un court voyage à Toulouse, il séjourne à Bayonne, pendant le passage de l'armée d'Espagne, et fait environ quinze cents assauts en six mois.

De Bayonne il se rend à Bordeaux, visite Rochefort, Nantes et Orléans, donne des assauts dans toutes ces villes, arrive à Paris où il tire chez Lebrun, chez Gomard père et avec Rénevier, professeur en grande réputation.

1810.

Il est nommé maître d'armes des grenadiers à cheval de la garde.

1814.

Il entre au même titre dans les gendarmes de la Maison du Roi. Cette même année, il fit assaut pour la première fois avec le comte de Bondy et Poultié de Ganne, tous deux amateurs de première force; il tire également avec Vattier dit Charlemagne, le célèbre professeur.

1815-1820.

Les gendarmes du Roi servent d'escorte à Louis XVIII

jusqu'à Armentières; leur compagnie est dissoute; Lafaugère retourne à Agen après un court séjour à Paris. Il visite les principales villes de la France et vient habiter Lyon, où il ouvre une salle d'escrime. Il publie son *Traité de l'Art de faire des Armes.*

Après 1820, Lafaugère sert encore dans les hussards de la garde avec le titre de premier maître et le grade de maréchal des logis chef; le portrait qui accompagne la seconde édition de son *Traité*, parue en 1825, le représente sous cet uniforme.

Lorsqu'en 1829, Pierre Daressy vint à Paris, Lafaugère avait quitté le service militaire et ouvert une salle d'armes, 19, rue de l'École-de-Médecine.

Plus tard, Lafaugère, qui avait une prédilection pour la ville de Lyon, vint y fixer sa résidence définitive.

C'est à Lyon qu'il avait composé son premier ouvrage; c'est encore là qu'il écrivit son poème didactique, *l'Esprit de l'Escrime.*

Il le fit paraître en 1841 et abandonna généreusement le produit de la vente de son livre aux malheureuses victimes de l'inondation qui avait ravagé la ville peu de temps auparavant.

L'Esprit de l'Escrime eut deux éditions; la première parut au mois de février, la seconde le mois suivant.

En 1855, Lafaugère vint admirer à Paris les chefs-d'œuvre des peintres modernes, rassemblés à l'occasion de l'Exposition universelle. Lafaugère était non seulement un illustre maître d'armes, mais encore un artiste de talent : son portrait, fait par lui-même et conservé au musée d'Agen, est un morceau de peinture très largement traité, et dénotant chez son auteur une science profonde de l'harmonie des couleurs.

Justin Lafaugère est mort à Lyon le 14 octobre 1856, étant dans sa soixante-quinzième année.

―――

Le talent de Lafaugère l'avait fait choisir pour donner des leçons d'escrime, d'abord au roi de Rome, et plus tard au duc de Bordeaux ; les événements politiques qui se succédèrent en France empêchèrent seuls Lafaugère de remplir ces honorables missions.

―――

C'est à Toulouse, en 1802, que Lafaugère eut son premier duel, au moment où il rejoignait son régiment, alors en garnison à Carcassonne. Sur une des places les plus fréquentées de la ville, des jeunes gens se promenaient, tout en raillant, pour sa timidité excessive, un de leurs amis d'une taille de tambour-major.

Sur ces entrefaites, Lafaugère vint à passer.

Les jeunes gens dirent, en le désignant à leur ami le colosse, que, tout grand qu'il était, il n'oserait pas même s'attaquer à ce petit, que, d'ailleurs, ils ne connaissaient pas.

Excité par les plaisanteries de ses camarades, froissé

dans son amour-propre, le géant alla donner un soufflet à Lafaugère qui lui demanda raison de cette insulte.

Le sabre fut l'arme choisie ; le résultat du duel fut fatal au nouveau Goliath qui eut la tête partagée en deux.

Lorsque Lafaugère arriva à Paris, en 1810, il se rendit chez les célèbres professeurs Lebrun et Gomard père, et fit des armes avec les plus forts amateurs de la salle de ce dernier maître.

« Ma manière de tirer, nous dit Lafaugère dans la préface de son Traité, donna lieu à plusieurs discussions, et chacun témoigna son étonnement de voir que, malgré le désavantage de ma taille (il n'avait pas cinq pieds), je prenais toujours le dessus des armes, même avec les plus grands ; alors M. Gomard me dit qu'il fallait, afin de connaître mon jeu et ma force, que l'on me vît tirer huit fois ; j'acceptai son offre.

« Je tirai huit fois, et la huitième ne me fit pas éprouver plus de difficultés que la première. »

Quand Lafaugère entra dans les grenadiers à cheval de la garde, à la première revue passée par Napoléon, l'empereur ne put retenir une exclamation de surprise, en apercevant un maréchal des logis dont la petite taille formait un contraste frappant avec la taille gigantesque et la formidable carrure des hommes de cette troupe d'élite. L'étonnement de Napoléon ne cessa que lorsqu'on lui eût nommé le maître d'armes.

Le premier assaut entre Lafaugère et le comte de Bondy eut lieu en 1814, devant une nombreuse assistance.

Ce fut un événement qui passionna le monde de l'escrime, car on considérait alors le comte de Bondy comme le plus fort amateur de l'époque.

Il était gaucher et d'une très haute stature.

Le comte de Bondy se présenta pour tirer, dans une tenue des plus fantaisistes.

Il avait revêtu un costume de satin blanc piqué, et portait autour du cou une collerette en dentelle dont les extrémités retombaient en jabot sur sa poitrine.

L'assaut se fit en deux reprises; Lafaugère toucha quarante-huit fois le comte de Bondy et ne fut touché que trois fois.

Ce célèbre assaut a inspiré à Frédéric Régamey le sujet d'une aquarelle qui fit sensation au Salon de peinture de 1886.

Le peintre de l'Académie d'armes a mis au premier plan Lafaugère touchant le comte de Bondy par un coup vigoureusement porté; au second plan, des spectateurs, au nombre de quatre-vingt-dix, représentent les illustrations de l'escrime au XIXe siècle, maîtres et amateurs, tous faits d'après les portraits authentiques.

Sous la Restauration, l'escrime jouissait en France de la plus grande faveur.

A Paris notamment, en dehors des salles d'armes, certains propriétaires de concerts, de cafés, avaient mis des salles à la disposition des amateurs.

Là, le premier tireur venu faisait le tour de l'assemblée en présentant un fleuret; c'était la forme usitée pour engager les escrimeurs à se mesurer avec lui.

Lafaugère entra un jour dans une de ces réunions, accompagné de quelques amis; on présenta le fleuret à l'un de ceux-ci qui déclina l'offre et désigna Lafaugère au champion, mais sans le nommer.

Lafaugère accepta et dit tout en boutonnant sa redingote : « Vous n'aurez guère de plaisir à faire des armes avec moi; car mon maître m'a prédit que je ne toucherais jamais personne, mais que, par contre, je ne serais jamais touché. »

Son adversaire rit beaucoup de cette prédiction, se promettant bien de la faire mentir.

Les deux tireurs se mirent en garde et l'assaut se termina sans un seul coup touché de part ni d'autre.

Un second tireur se présente, croyant être plus heureux : même résultat.

L'étonnement des assistants est à son comble, aucun ne connaissant Lafaugère.

Pendant ces deux assauts, un maître d'armes militaire se démenait de façon à attirer sur lui l'attention, disant très haut : « Moi, sur tel coup, j'aurais fait ceci, sur tel autre j'aurais fait comme cela. »

Bref, ce maître plein de confiance en lui-même alla rouver Lafaugère, qui avait regagné sa place, et le pria, s'il ne se sentait pas trop fatigué, de lui faire l'honneur de tirer avec lui.

Lafaugère, qui avait entendu les propos de ce maître d'armes, accepta courtoisement l'invitation; mais cette fois, son adversaire reçoit une grêle de coups de bouton.

Éperdu, il essaye de se reconnaître au milieu de l'avalanche de coupés, de couronnements, de parades et de ripostes foudroyantes; c'est en vain : l'assaut se termine sans qu'il ait pu effleurer la poitrine de Lafaugère.

Honteux de son insuccès, le pauvre maître d'armes dit à Lafaugère : « Votre maître vous avait cependant bien assuré que vous ne toucheriez jamais, et pourtant...
— Je n'y comprends vraiment rien, répondit Lafaugère en souriant, c'est la première fois que cela m'arrive. »

Le nom de Lafaugère, prononcé alors par un de ses amis, donna le mot de l'énigme; ce nom si connu des amateurs d'escrime fut salué par des acclamations enthousiastes de la part des spectateurs, que les trois assauts successifs avaient fortement intrigués.

Lors de son duel avec Bertrand, Lafaugère alla au rendez-vous, les mains derrière le dos, en véritable flâneur.

Un confrère, qui s'y rendait en curieux, le rencontra ; surpris de voir Lafaugère seul, il lui demanda où étaient ses témoins. « J'en trouverai bien assez là-bas », répondit Lafaugère. Effectivement, un grand nombre de maîtres d'armes étaient accourus sur le lieu du combat, et Lafaugère eut bientôt trouvé deux témoins.

Dans ce duel, Bertrand reçut une blessure, heureusement sans gravité.

Lafaugère était de première force au pistolet, et sa balle atteignait à chaque coup une pièce de cinq francs qu'une personne lançait en l'air.

Nous avons dit que Lafaugère était peintre : lorsqu'une de ses œuvres frappait d'une façon toute particulière l'attention d'un visiteur et lui attirait des compliments: « Si ce tableau vous plaît, disait-il, vous me ferez plaisir en l'acceptant. »

Et si, par discrétion, la personne refusait : « N'en parlons plus, reprenait alors Lafaugère, je serais désolé d'être importun. »

Dans son *Traité de l'Art de faire des Armes*, Lafaugère, faisant allusion au Traité de la Boëssière, paru deux ans avant le sien, dit : « Je croyais que les vieilles méthodes étaient usées sans retour; mais il semble qu'on voudrait nous y ramener.

« Un système que les anciens avaient adopté de se servir fréquemment de la main gauche reparaît encore dans un nouveau traité; je suis bien loin d'approuver cette méthode; car elle est vicieuse et même dangereuse pour toutes les personnes qui se livrent à l'Art des armes.

« Cette méthode entraîne la confusion en éloignant les bornes que l'on a fixées aux principes; ce qui mène même, dans une affaire d'honneur, à faire des bassesses par une fausse bravoure qui ne sied point au caractère français, etc. »

On voit par ce qui précède que Lafaugère est le premier auteur qui ait proscrit l'usage de la main gauche.

———

Nous avons extrait de l'*Esprit de l'Escrime* les quelques lignes qui suivent, afin de donner un aperçu du second ouvrage de l'illustre maître.

. . . .
Du Parnasse français en téméraire auteur,
Je ne veux point gravir l'effrayante hauteur;
J'emprunte seulement le secours de la rime,

Pour donner plus d'attrait aux règles de l'Escrime,
Pour en peindre l'esprit et les calculs profonds.

. . . .

Mais n'allez pas penser que le but de l'Escrime
Soit de prêter son aide à qui médite un crime.
Non; sa tâche, plus belle, est de mettre à profit
Les facultés du corps et celles de l'esprit.

. . . .

LE FERRAILLEMENT

. . . .

Ces rivaux éloignant tout désir de parade,
Pour attaquer cherchant à faire une bourrade,
S'élancent furieux, aveugles, menaçants,
Et du fer font jaillir des feux étincelants.
Non contents de ces chocs produits contre nature,
Ils font ployer le fer jusque sur la monture,
Et le fer se courbant sous la force du bras,
En effrayant cerceau, siffle et vole en éclats!
A l'instant le tronçon, par la main téméraire,
De nouveau vient frapper le corps de l'adversaire.
A ce coup peu loyal, tiré si brusquement,
L'adversaire indigné, dans son égarement,
Affronte le péril, et la tête baissée,
S'élance, furieux, perdant toute pensée,
Pousse à tort, à travers, de son bras raccourci,
Entretient le combat, le termine à merci.
Mais si le coup porté n'est pas assez sévère,
Et qu'il soit envoyé par une main légère,
Le coup n'est pas reçu, vous comprendrez dès lors :
Qu'il faut, pour bien tirer, qu'on traverse le corps.

Lafaugère avait conservé pour Jean Daressy, son maître et ami, la plus vive reconnaissance; il consacra à sa mémoire, dans l'*Esprit de l'Escrime*, le quatrain suivant :

> Généreux Daressy, dans la nuit éternelle,
> Le temps n'emporte pas les talents, les bienfaits.
> Aux soupirs de mon cœur ton souvenir se mêle,
> Comme ta gloire à mes succès.

JEAN-LOUIS

Sous le titre de : *Un maître d'armes sous la Restauration*, Vigeant, une des plus hautes personnalités de l'école de Jean-Louis, a retracé en termes émus la vie du célèbre maître de Montpellier.

Nous ne pouvons mieux faire que de renvoyer le lecteur à ce livre.

Disons seulement que Jean-Louis, un des chefs d'école les plus illustres de ce siècle, est né à Saint-Domingue en 1785 et qu'il était mulâtre comme le chevalier de Saint-George.

En 1793, Jean-Louis fut amené en France; trois ans plus tard, il fut admis dans un régiment comme enfant de troupe; le maître d'armes, nommé d'Érape, ayant reconnu les bonnes dispositions du petit mulâtre, le prit sous sa protection et le forma à son école.

En 1814, nous retrouvons Jean-Louis premier maître du 32º régiment de ligne, en garnison à Madrid; c'est alors qu'il fut le héros du duel épique raconté par Vigeant, duel dans lequel Jean-Louis se battit treize fois de suite, sans désemparer, et mit ses treize adversaires hors de combat.

Il entra, en 1816, au 3ᵉ régiment du génie, avec lequel il alla alternativement de Metz à Arras et d'Arras à Montpellier.

C'est dans cette dernière ville que Jean-Louis prit sa retraite et qu'il ouvrit une salle d'armes célèbre parmi celles du midi de la France.

On était alors en 1830.

Jean-Louis donna des leçons jusqu'en 1865, époque à laquelle il devint aveugle et eut la douleur de perdre sa femme ; il aurait supporté avec résignation son premier malheur, il ne put survivre à la perte de sa compagne : le 19 novembre de la même année, Jean-Louis n'était plus.

BERTRAND

Bertrand, François-Joseph, une des grandes figures de l'escrime au xix⁹ siècle, naquit à Paris, en 1796.

Il était le fils et l'élève du maître qui publia, en 1801, un traité de peu d'étendue, ayant pour titre : *l'Escrime appliquée à l'Art militaire.*

Bertrand, d'abord associé avec son père, ouvrit seul, en 1823, une salle d'armes dans la rue Saint-Thomas-du-Louvre ; c'est à cette époque qu'il fut nommé professeur civil d'une des compagnies des gardes du corps (compagnie de Grammont).

Le 7 octobre 1827, les professeurs d'escrime tentèrent de faire revivre l'ancienne Communauté supprimée à la Révolution ; Bertrand fut nommé président et Blot secrétaire de cette nouvelle Communauté qui porta le titre de « Société d'armes de Paris », et ne vécut, d'ailleurs, que fort peu de temps.

Bertrand avait une vitesse de main prodigieuse ; il avait l'habitude, pour s'exercer, de faire des doubles contres avec un fleuret ayant deux lames soudées l'une contre l'autre.

Après une longue carrière glorieusement remplie, Bertrand mourut à Paris, le 18 août 1876.

Pierre Prevost et Robert aîné, qui tous deux furent professeurs d'escrime à Paris, doivent être comptés au nombre des meilleurs élèves de Bertrand.

« Monsieur,

« Sachant que l'appréciation d'aucun art ne vous est étrangère et M. Achille Ricour m'ayant dit qu'il vous serait agréable d'assister à un assaut d'armes, je vous prie d'agréer les deux billets que je vous adresse sous ce pli.

J'ose espérer, Monsieur, que vous voudrez bien nous honorer de votre présence.

« Agréez, Monsieur, la haute considération de votre très humble serviteur.

« BERTRAND.

« P. d'escrime des Écoles Royales.

« Paris, ce 22 février 1840. »

Ces billets étaient pour l'assaut donné le lendemain par Mille, Daressy et Lozès jeune, dans la salle du Wauxhall d'été (situé sur le boulevard Saint-Martin).

Voici le programme des assauts :

PREMIÈRE PARTIE.

Mille et Raimondi ;
Marcellin et Lozès jeune ;
Pons et Mille ;
Prevost et Daressy.

DEUXIÈME PARTIE.

Alliac et Lozès jeune ;
Daressy et Bonnet ;
Pons et Prevost ;
Bertrand et Lozès.

ASSAUT D'ARMES

Le sieur Mathieu COULON, maître en fait d'armes, prévient le public qu'il aura l'honneur de donner un *Assaut le Dimanche 25 Septembre 1814,* dans lequel on verra tirer plusieurs Maîtres et Amateurs distingués, tant de la Capitale que des Provinces.

Depuis longtemps Paris avait été privé de ce genre d'amusement, qui doit être d'autant plus agréable à MM. les Amateurs, qu'il leur offre l'occasion de faire preuve de leurs talents dans un Art si essentiellement associé à l'éducation de la jeunesse française.

Cet Assaut aura lieu au *Wauxhall d'Été*, Boulevard Bondi *, derrière le Château-d'Eau, depuis une heure jusqu'à quatre de l'après-dîner.

Le prix d'entrée est de 3 fr. par personne.

L'Assaut s'ouvrira par MM. Compoint et Prevost, le premier, Maître en fait d'armes de la Capitale, et le second, de la ville de Rouen.

Second Assaut : MM. Mathieu Coulon et Philippe.

* Boulevard Saint-Martin.

Troisième Assaut : MM. Brémond et Antonin Gomard.

Quatrième Assaut : M. Bouillet, Maître en fait d'armes, tirera avec M. Bertrand fils.

Cinquième Assaut : M. Mathieu Coulon fera un second assaut avec M. Brémond.

Plusieurs amateurs me feront l'honneur d'y faire des armes.

L'Assaut sera terminé par MM. Mathieu Coulon et Antonin Gomard.

Pierre DARESSY

DARESSY (Pierre)

Pierre Daressy naquit à Agen le 26 juillet 1806; son père, Jean Daressy, lui enseigna de bonne heure à faire des armes, et lorsqu'il eut atteint une force déjà remarquable, il l'astreignit pendant deux années à ne tirer que des contres, sans faire un seul assaut.

En 1822, Pierre Daressy entra comme apprenti teinturier chez un vieil ami de la famille nommé Serres, près duquel il resta environ quinze mois; puis il quitta Agen pour faire, selon l'usage, son tour de France, afin de se perfectionner dans son métier et d'en apprendre tous les secrets.

Il visita successivement Toulouse, Carcassonne, Béziers, Montpellier, Nîmes, Avignon, Valence et Lyon.

Dans ses pérégrinations, Daressy s'occupa bien un peu de cochenille ou d'indigo; mais le fleuret avait pour lui plus d'attrait, et dans toutes les villes où il séjourna, il fit assaut sur assaut avec les maîtres et amateurs d'escrime.

Les succès l'encourageant, Daressy abandonna complètement la teinture, revint à Carcassonne et y ouvrit une salle d'armes.

Mais dix-huit mois après, éprouvant le désir de revoir sa famille, il céda sa salle à un de ses élèves, nommé Journet, et retourna à Agen; son absence avait duré cinq ans.

Peu de temps après, Daressy vint à Paris et descendit chez Lafaugère qui tenait une salle d'armes, rue de l'École-de-Médecine, n° 19.

Ayant appris que le maître d'armes d'un régiment de la Garde royale était sur le point d'obtenir sa retraite, Daressy sollicita l'emploi qui allait devenir vacant; le colonel, après l'avoir vu tirer et donner leçon, le lui accorda sur-le-champ, et le 29 mai 1829, Daressy signa un contrat qui le nommait pour huit ans premier maître d'escrime des chasseurs à cheval de la garde.

Il était alors dans sa vingt-troisième année.

C'est à cette époque qu'il fit son premier assaut avec Bertrand, président de la Société des professeurs d'escrime de Paris, et de plus attaché, en qualité de maître d'armes civil, aux gardes du corps (compagnie de Grammont) dont faisait partie un cousin de Daressy, nommé Rouillès.

Entre deux leçons, ce cousin parla à Bertrand des

talents en escrime du jeune maître des chasseurs, et demanda s'il lui serait agréable de faire des armes avec lui.

Bertrand ayant répondu sèchement : « Je ne tire pas avec des soldats », Rouillès lui représenta que son cousin était un maître d'armes, par conséquent un confrère.

Les gardes du corps, présents à cet entretien, se joignirent à leur camarade et firent observer à Bertrand qu'eux aussi étaient des soldats, et que sa réponse n'était pas moins désobligeante pour eux que pour Daressy.

Afin de réparer la maladresse qu'il venait de commettre, Bertrand dut accepter l'assaut qui eut lieu quelques jours plus tard.

Les deux tireurs firent un jeu tout d'amour-propre; le succès fut du reste partagé.

Après l'assaut, Bertrand ne put s'empêcher de dire à son adversaire avec une pointe de mauvaise humeur : « Vous n'êtes pas plus fort que les autres. — C'est possible, monsieur, répondit Daressy; mais je viens toujours de prouver que je suis aussi fort que vous. »

L'incident n'eut pas d'autre suite, et jamais il ne fut question de ce malencontreux assaut entre ces deux maîtres qui devinrent d'excellents camarades et qui, plus d'une fois encore, se mesurèrent en public.

En 1830, après le licenciement de la garde royale, Daressy retourna à Agen; mais, sollicité par plusieurs de ses élèves, anciens officiers aux chasseurs, qui avaient repris du service au 4ᵉ régiment de lanciers, de récente formation, il ne tarda pas à entrer dans ce corps avec le titre de premier maître et le grade de maréchal des logis.

Daressy quitta le service militaire en 1834 et vint ouvrir une salle d'armes à Paris, rue Jean-Jacques-Rousseau, n° 20. La réputation dont il jouissait déjà lui attira bientôt de nombreux élèves.

De 1834 à 1855, Pierre Daressy resta constamment sur la brèche, enseignant son art avec dévouement et prêchant d'exemple dans les nombreux assauts publics qui se donnèrent au Waux-hall et à la salle Montesquieu.

Il fit partie de cette pléiade de brillants tireurs qui se nommèrent Bertrand, Bonnet, Lozès aîné, Pons, Prevost, Raimondi, etc., de ces maîtres qui se firent un devoir de transmettre à leurs successeurs les bonnes traditions qu'ils avaient reçues de leurs devanciers, tout en apportant à l'art de l'escrime certaines améliorations, fruit de leur longue expérience.

En 1855, Daressy fut atteint de la cataracte et perdit complètement la vue.

Malgré sa cécité, il donnait quelquefois des leçons; il possédait le sentiment du fer à un tel degré qu'il savait se rendre compte, par l'engagement, si la position de l'élève était correcte.

Quelques années plus tard, un autre maître d'armes, Jean-Louis, ayant perdu la vue, lui aussi, devait renouveler ce prodige.

En 1860, Daressy céda sa salle et dit adieu à un art qu'il avait aimé et cultivé pendant quarante-deux ans.

Daressy était d'une taille élevée (1^m,78); il avait le corps bien proportionné, une force musculaire peu commune et une très grande souplesse.

Il se servit merveilleusement, dans la carrière qu'il s'était choisie, des moyens physiques dont la nature l'avait doué.

Très amateur de musique, il occupait ses loisirs en jouant du violon avec un talent remarquable.

Pierre Daressy était dans sa soixante-cinquième année, lorsqu'il mourut à Paris, le 3 juillet 1871. Ses obsèques se firent dans l'église Saint-Eugène au milieu de nombreux assistants, parmi lesquels se trouvaient Bertrand, Pons, Robert aîné, Mimiague, Hamel, Ardohain et plusieurs autres maîtres d'armes accourus pour rendre les derniers devoirs à celui qui se montra dans toutes les circonstances le meilleur des camarades.

A l'école de Pierre Daressy se formèrent un certain nombre de bons professeurs parmi lesquels nous citerons Berrier, qui fut associé avec Robert aîné; puis Hamel, le premier professeur d'escrime du cercle de l'Union artistique; Leroy, premier maître du 8e dragons, qui fut décoré pour sa belle conduite sur les champs de bataille de la Crimée et mourut capitaine.

Les principaux élèves de Pierre Daressy furent : MM. le duc de Rohan, prince de Léon, le marquis de Choiseul, le baron de Goualès, le capitaine Devaux, le baron de Beaumont, de Lauvergnac, de Brouart, Chapelle, Obin (de l'Opéra), le marquis de Richepanse, de Flers, de Guimaraës, Méchain, le général comte de Clérambault, Dupin de Clappier, le baron de Vigier, Auguste et Frédéric Huber, le comte de Ribes, le comte et le vicomte de Ruty, Ney de la Moskowa, de Ségur d'Aguesseau, Eugène Cart, le vicomte de Ségur, de Montherot, le comte de l'Angle-Beaumanoir, de Firmas, le vicomte de Châteaurenard, Édouard Broustet, le musicien Tolbecque, le comte Martin (du Nord) fils, le baron Léon Michel de Trétaigne, Estur, de Brémond, le colonel José Rosas, le marquis de Menilglaize, baron Roullin, de Saint-Clair, neveu du prince Orlof, Paul et Alphonse Varin, Palant, de la Nauze, Étienne et Fernand Giraudeau, de Chantérac, de Nougarède, de Ramond, de Prados, le prince Ghika, de Tescourt, de la Comble, de Montozon, le colonel Rey, le prince de Craon, de Ginestous, Cousin de Feugré, le commandant de Saint-Victor, prince de Berghes, de la Rochefoucauld, de Chabannes, de Froissard, de Fitz-James, de Bressieux, etc.

Pierre Daressy était, en outre, professeur d'escrime de plusieurs maisons d'éducation.

Parmi les prévôts qui secondèrent Darcssy, nous devons mentionner Ardohain, le doyen des maîtres d'armes du XIXe siècle, mort en 1885, à l'âge de quatre-vingt-onze ans.

ACADÉMIE D'ARMES DE PARIS

1886

Sous le titre d'Académie d'armes, les professeurs d'escrime de Paris ont formé, à la fin de l'année 1886, une société composée de :

        Maîtres honoraires,
           — titulaires,
           — adjoints,
        Membres honoraires,
           — correspondants,
           — militaires.

Chaque récipiendaire reçoit un brevet[*] signé par le comité.

Hippolyte Gatechair fut le premier président de cette Académie qui compte aujourd'hui cent quarante membres.

[*] *L'aquarelle originale de ce brevet est due au pinceau de Frédéric Régamey.*

Le comité se compose actuellement de MM. le Ministre de la Guerre, président d'honneur; Jacob, président; Bergès, vice-président; Vigeant, trésorier; Georges Robert, secrétaire; Rouleau, Collin, Prevost et Haller.

DUELS
ET
LETTRES DE RÉMISSION

DUEL
F. DE VIVONNE, SEIGNEUR DE LA CHATEIGNERAIE
ET
GUY CHABOT, SIEUR DE JARNAC

(1547)

Vers la fin du règne de François Ier, le bruit se répandit à la Cour que Guy Chabot, sieur de Jarnac et de Montlieu, s'était vanté d'être au mieux avec sa belle-mère, Madeleine de Puy-Guyon, seconde femme de Charles Chabot.

Dans un moment d'expansion, Jarnac avait confié au Dauphin qu'il obtenait tout ce qu'il désirait de sa belle-mère, voulant dire seulement qu'elle lui donnait l'argent dont il pouvait avoir besoin.

Le Dauphin divulgua le secret à une dame qui le communiqua à d'autres personnes, si bien que de bouche en bouche toute la Cour en eut bientôt connaissance.

Seulement le récit s'était amplifié et était devenu injurieux pour l'honneur de Madeleine de Puy-Guyon.

Jarnac voulut remonter à la source de ces méchants propos.

Le Dauphin allait être compromis; François de Vivonne, sieur de la Chateigneraie, vint à son secours.

Dans l'espoir d'obtenir la faveur du prince, en récompense du service qu'il allait lui rendre, La Chateigneraie annonça à qui voulait l'entendre que c'était à lui-même que Jarnac avait fait cette confidence.

Ce dernier saisit la première occasion qui se présenta pour dire dans une réunion que celui qui avait inventé cette calomnie avait menti, faisant bien comprendre que ses paroles étaient à l'adresse de La Chateigneraie.

Le propos fut immédiatement rapporté à La Chateigneraie qui demanda à François Ier la permission de combattre Jarnac en champ clos.

Le roi refusa, donnant plusieurs raisons, celle-ci entre autres : « qu'un prince ne devait pas permettre une chose de l'issue de laquelle on ne pouvait espérer aucun bien ».

Mais à peine François Ier fut-il mort, que son successeur, sollicité par les deux seigneurs ennemis, leur accorda la permission refusée par le roi son père.

La Chateigneraie, alors âgé de vingt-six ans, était renommé pour sa force ; il s'était adonné de bonne heure à tous les exercices du corps, particulièrement à l'escrime : son père, grand sénéchal du Poitou, lui avait donné des maîtres d'armes venus tout exprès d'Italie, « et quoi qu'il en coûtât », dit Brantôme dans ses Mémoires.

Jarnac, moins robuste que son adversaire, s'était toutefois acquis un grand renom de bravoure pour sa belle conduite à la bataille de Cérisoles (1544).

Ces deux seigneurs, un peu parents, élevés ensemble à la cour du roi François Ier, avaient toujours vécu en bons compagnons d'armes.

Leur duel eut lieu le 10 juillet 1547, en présence du roi et de la cour. Le camp avait été dressé près du parc de Saint-Germain-en-Laye.

Le parrain de La Chateigneraie était le comte d'Aumale (François de Guise), et celui de Jarnac, Claude Gouffier, seigneur de Boisy, grand écuyer.

Les cérémonies d'usage, consistant principalement dans la réception et la visite des armes et pièces d'armures, commencèrent le matin à six heures et se prolongèrent fort avant dans la journée; puis les deux adversaires firent le serment accoutumé sur les saints Évangiles, et après que chacun d'eux eut reçu une épée et deux dagues, le connétable (Anne de Montmorency) donna le signal de l'attaque en criant par trois fois : « Laissez les aller, les bons combattants ! »

La Chateigneraie et Jarnac s'élancèrent alors l'un

contre l'autre en se portant avec leurs épées de grands coups d'estoc et de taille.

La Chateigneraie reçut un premier coup de taille sur le jarret de la jambe gauche, puis un second au même endroit, ce qui le mit hors d'état de continuer la lutte.

Jarnac, dès ce moment, était maître de la vie de son adversaire ; mais il montra une grande modération et fit hommage du blessé au roi, en disant : « Sire, prenez-le ; je vous le donne pour l'amour de Dieu et de vous. »

Henri II, surpris, ainsi que toute la cour, du résultat inattendu du duel, était hésitant ; ce ne fut qu'après plusieurs instances du vainqueur et sur les prières des grands officiers, qu'il jeta son bâton dans la lice, ce qui mit fin au combat.

Henri II s'adressant alors à Jarnac : « Vous avez bien fait votre devoir, lui dit-il, et vous est votre honneur rendu. »

Le connétable, le grand amiral, les maréchaux de France, demandèrent au roi que le vainqueur fût ramené chez lui en triomphe ; mais Claude Gouffier, parrain de Jarnac, refusa et dit à Henri II qu'il suffisait que le vainqueur eût les bonnes grâces de Sa Majesté. Jarnac, prenant alors la parole, assura le roi qu'il ne désirait rien de plus que d'être son serviteur.

Henri II, touché de la conduite de Jarnac, le fit venir près de lui, l'embrassa et lui dit : « Vous avez combattu en César et parlé en Cicéron. »

La Chateigneraie ne put supporter son humiliation ;

dans un accès de fureur, il arracha les appareils posés sur ses blessures et mourut trois jours après.

LE COUP DE JARNAC

Le duel dans lequel Guy Chabot fut vainqueur de la Chateigneraie donna naissance au dicton : « Faire ou porter un coup de Jarnac », impliquant une idée de trahison. C'est, en effet, un préjugé encore généralement répandu, que Jarnac ne dut sa victoire qu'à un coup déloyal, connu de lui seul, ce qu'on nomme vulgairement une botte secrète.

Nous servons la cause de la vérité en combattant cette erreur, que ne partagent pas, d'ailleurs, les personnes qui sont au courant des choses de l'escrime, et qui savent que le coup de taille ou de revers porté au jarret se trouve enseigné dans les traités du XVIe siècle.

Nous donnons plus loin le récit d'un duel, antérieur à celui de Jarnac, où l'un des combattants mourut des blessures qu'il reçut au jarret.

Les faits que nous avons rapportés, et les paroles prononcées par le roi après la défaite de La Chateigneraie, prouvent suffisamment que Guy Chabot de Jarnac a combattu selon les lois de l'honneur, et qu'il s'est comporté en galant homme, en n'abusant pas de sa victoire et en refusant le triomphe auquel il avait droit.

Une autre preuve à l'appui, c'est que quinze jours

après le duel, lorsque Henri II se fit sacrer à Reims, ce fut Jarnac qui, pendant toute la cérémonie, eut l'honneur de porter les éperons d'or du roi-chevalier.

Peu de temps après, Guy Chabot, baron de Jarnac, seigneur de Saint-Gelais, de Montlieu et de Saint-Aulaye, chevalier de l'ordre du roi, devint premier gentilhomme de la chambre, gouverneur des provinces d'Aunis et Saintonge, maire perpétuel de Bordeaux, capitaine du château de Hâ et sénéchal de Périgord.

Nous possédons un reçu signé de sa main en août 1549, comme capitaine de quarante lances des Ordonnances du roi, aux appointements de mille livres tournois par an.

Une petite-fille de Jarnac, Éléonore Chabot, épousa Louis de Vivonne, seigneur de la Chateigneraie.

Ainsi se termina la querelle entre les deux familles.

Dans le courant du mois de janvier 1540, le roi François Ier reçut à Chantilly l'empereur Charles-Quint.

Pendant ce séjour, un page des filles du roi, nommé

René de Sajault, âgé de dix-sept ans environ, et un garde du roi s'étant rencontrés dans la cour du château, commencèrent par se plaisanter.

Aux railleries succédèrent les injures, et bientôt la querelle s'envenima à un tel point qu'ils se défièrent mutuellement.

Ils allèrent se battre dans un coin du parc, à peu de distance du château.

« Ils dégainèrent ensemble leurs espées desquelles ils ruèrent plusieurs coups l'un sur l'autre en sorte que ledict suppliant (René de Sajault) fut blessé par ledict deffunct en deux endroits au visage et ledict deffunct d'un coup de taille au jarret dont il eut quelques nerfs coupés. » Le garde mourut environ un mois après « par faulte de bon appareil, bon régime, gouvernement ou aultrement ».

Le roi François Ier fit grâce à René de Sajault en faveur de sa jeunesse, et lui accorda des Lettres de rémission données à Paris au mois de juillet 1540.

En 1560, un neveu du maréchal de Bourdillon, nommé des Bordes, se battit en duel près du parc de Saint-Germain-en-Laye, avec d'Ivoy-Genlis. Des Bordes eut un jarret coupé, mais il n'en mourut pas ; il fut tué deux ans après à la bataille de Dreux.

LETTRE D'APPEL.

DU SEIGNEUR DE CASTEL-BAYART

(XVIe SIÈCLE)

Monsieur, vous estes si peu de chose que, n'estoit l'insolence de vos parolles, je ne me souviendrois jamais de vous.

Le porteur vous dira le lieu où je suis avec deux espées dont vous aurez le choix.

Si vous avez l'asseurance d'y venir, je vous osteray la peine de vous en retourner.

(Mémoires de Brantôme.)

J'ai l'honneur de déclarer à nos seigneurs les Maréchaux de France qu'hier me trouvant avec M. de Crosby et dans notre entretien ayant cru appercevoir un manque de procédé envers quelqu'un qui m'intéresse, j'ai pensé qu'il étoit de mon devoir d'en témoigner ma sensibilité avec la disposition ainsi que l'honneur le dicte.

Paris, 19 Juin 1785.

Le Mis Caccia-Fiatti.

MONITOIRE

OBTENU PAR LE SIEUR DE GOURGUE

(25 novembre 1671)

(*La première partie de la pièce originale est écrite en latin.*)

Henry par la Miséricorde Divine et la grâce du Saint-Siège Apostolique Archevêque de Bordeaux Primat d'Aquitaine à vous et à tout prêtre soumis à notre juridiction salut dans le Seigneur. Nous vous mandons à l'instance de très noble homme Messire Armand de Gourgue, conseiller du Roi en ses conseils et Lieutenant général de la sénéchaussée de Guyenne, de publier que si quelques uns ou quelques unes ont connaissance des choses contenues dans les Lettres ci-dessous écrites en français, ils aient à dire et révéler ce qu'ils savent, et ce dans l'espace de six jours à partir de la publication du présent monitoire. Autrement dénoncés, seront excommuniés.

Donné à Bordeaux en notre conseil le 25 du mois de Novembre de l'année du Seigneur 1671.

De l'hautorité de Monseigneur l'Ill^me et R^me Archevesque de Bourdeaux et primat d'Aquitaine.

A l'instance et requeste de Messire Armand de Gourgue, conseiller du Roy en ses conseils lieutenant général en la Seneschaussée de Guienne. Est mandé au premier pretre sur ce requis admonester sur peine d'excommunication tous ceux et celles qui scavent que le trentiesme du moys d'octobre dernier led. sieur plaignant estant sur le port de Cambes pour faire charger le vin de monsieur le president de Gourgue son pere. Seroit survenu certain personnage qui empeschoit les bouviers de charger led. vin. Led. S^r supliant luy auroit remontré quil ne devoit pas en user de la façon, nonobstant ce led. personnage auroit amené les bouviers ches luy par force à coups de baston et despée avecq menasses de les exceder plus griefvement. Item qui scavent que led. personnage aye apellé led. S^r plaignant insolant et quil ny avoit pas de comparaison à faire avecq luy et qu'il vouloit estre servy le premier. Item, que led. personnage blasphémant le saint nom de Dieu se jactoit (*vantait*) quil vouloit le maltreter partout ou il le trouveroit et pour cet effet avoit demandé ses pistolets et son cheval disant aud. S^r supliant que sil estoit honeste homme quil se trouveroit seul en un chemin prochain ou il l'attendoit pour se battre avecq luy. Item qui scavent qui est led. personnage et autre chose dece dessus ayent a venir a revelation six jours apres la publication ou notification des presentes autrement denoncés seront excommuniés.

HENRY, Arch. de BOURDEAUX.

En marge, l'archevêque de Bordeaux a ajouté de sa main : « A fin civile ».

(30 mars 1718)

LETTRES DE PARDON

ACCORDÉES

A ÉTIENNE DE CLUGNY DE PRASLAY

CONSEILLER EN LA COUR DU PARLEMENT DE DIJON
(COMME TÉMOIN)

LOUIS par la grace de DIEU, Roy de France et de Navarre, à Tous ceux qui ces presentes lettres verront, salut. Nous avons reçu l'humble suplication de notre amé et féal Estienne de Clugny de Praslay, Conseiller de notre Cour de Parlement de Dijon, faisant profession de la Religion catholique, apostolique et romaine, contenant que la nuit du vingt-neuf au trente juillet dernier il se trouvoit avec le s^r Philibert Jehannin de Chamblan, aussi conseiller audit Parlement, et Claude Varenne avocat, en la place Royale de ladite Ville, lieu ordinaire de la promenade ou étoit le s^r Pourcher, maître des comptes avec la dame sa femme, et autres personnes avec qui ledit sieur Pourcher avoit soupé, après avoir fait quelques tours de promenade dans ladite place, le supliant fut surpris que led. s^r Pourcher le tira de la compagnie ou il étoit, et le conduisit à quelques pas de distance, lui disant qu'il l'avoit insulté et qu'il vouloit le voir l'épée à la main, le supliant qui ne s'atendoit pas à un pareil discours qu'il ne s'étoit attiré par aucune provocation n'y autrement, se contenta de dire au s^r Pourcher qu'il ne se servoit pas d'épée, mais seulement de manche à balay ou de la canne qu'il portoit, et que c'étoit mal à propos qu'il l'avoit attaqué, le s^r Pourcher irrité de cette réponse alla s'en plaindre à la compagnie qu'il venoit de quitter, disant que le supliant et led. Varenne l'avoient traité comme un faquin, ce qui donna lieu à la dame femme dudit s^r Pourcher et à ceux de sa compagnie de demander au supliant et auxdits s^{rs} Jehannin et Varenne avec qui il étoit, ce qui s'étoit passé entre eux et led. s^r Pourcher, surquoy led. s^r Jehannin prenant la parole assura la dame Pourcher qu'on n'avoit point pensé à offenser led. s^r Pourcher, ce qui fut répété et confirmé par led. supliant, et quoy que le dit s^r Pourcher dut être contant de ce qui avoit été dit à la dame sa femme qui auroit tenu lieu de satisfaction à tout autre qui se seroit cru offensé, il quitta sa femme malgré tous les efforts qu'elle fit pour le retenir, il alla chez lui prendre une épée de défense qu'il cacha sous son justaucorps, il revint chercher led. supliant et led. Varenne, dans lad. place Royale, où ne les ayant point trouvés n'y dans les autres rues voisines qu'il parcourut, parce que ne pensant plus à luy, ils avoient quitté lad. place pour se retirer chacun chés eux, et s'étoient rendus dans la rue

S¹-Étienne près la maison du père dud. Varenne, il vint les chercher jusques devant la maison dudit Varenne où ils s'entretenoient tranquilement, et les ayant aperçus, il affecta de passer près d'eux et de pousser rudement led. supliant cherchant l'occasion de le maltraiter aussi bien que led. Varenne, en effet led. s^r Pourcher tira l'épée qu'il avoit cachée dans son bras, ce qui obligea led. Varenne de mettre la main à une petite épée de deuil qu'il avoit accoutumé de porter, et de se mettre en deffense contre les coups que le s^r Pourcher luy porta, et dont ledit Varenne fut blessé en plusieurs endroits, dans cette situation le supliant crut être obligé pour les séparer de courir à eux sans autres armes que sa canne, et ne les quitta point pendant tout le temps que dura l'action, dans laquelle led. s^r Pourcher, ayant blessé led. Varenne de trois ou quatre coups, il se trouva blessé luy-même de deux coups. Le supliant ne sçachant comment lesd. coups ont été donnés dans tous ces mouvements tumultueux, ny s'il a dit : tiens Varenne, voilà Pourcher, touche, ny autres termes et paroles dans le trouble affreux où il étoit dans la chaleur de l'action, et dans les violentes agitations dont elle fut accompagnée, où sa propre vie n'étoit pas en sureté n'ayant point d'armes et se trouvant également exposé aux coups des deux combattants, cependant led. s^r Pourcher étant décédé de ses blessures quelque temps après, il a été informé par le Parlement, et le lieutenant criminel de Dijon a décrété contre le supliant et led. Varenne.

Mais la Veuve et les héritiers dud. s^r Pourcher reconnoissant qu'il s'étoit attiré son malheur ayant été dans sa maison prendre son épée pour maltraiter led. Varenne et le supliant sans aucun sujet et dans le temps que tout le bruit étoit cessé, ils ont traité des intérêts civils tant à l'égard du supliant que dud. Varenne, et se sont désistés de toutes poursuites par acte cy attaché sous notre contrescel et par nos Lettres du mois de mars de la présente année, nous avons aud. Varenne accordé grâce, rémission et pardon, ce qui oblige le supliant comme présent à l'action d'avoir aussy recours à notre clémence et nous a fait très humblement suplié de luy vouloir accorder nos Lettres de pardon sur ce nécessaires.

A CES CAUSES désirant préférer miséricorde à rigueur de justice, de l'avis de notre très cher et très amé oncle le DUC D'ORLÉANS petit-fils de France Regent, et de notre grâce spéciale plaine puissance et autorité royale, nous avons aud. supliant quitté et pardonné et par ces présentes signées de notre main, quittons et pardonnons le fait et cas cy-dessus, avec toutes peines amandes et offenses corporelles civiles et criminelles qu'il pourroit avoir encourues envers nous et justice, mettons au néant tous décrets, deffauts, contumaces, sentences, jugements et arrets qui pourroient être intervenus pour raison de ce, le remettons en sa bonne et saine renommée, et en ses biens non d'ailleurs confisqués, satisfaction faite à partie civile sy fait n'a été et s'il y echet. Imposons sur ce silence à notre Procureur général ses substituts présents et à venir et à tous autres. SY DONNONS EN MANDEMENT à nos amés et féaux conseillers les Gens tenant notre cour de Parlement à Dijon, dans le ressort duquel le fait et cas cy dessus est arrivé, que ces présentes ils ayent à enteriner, et de leur contenu faire jouir et user le supliant plainement paisiblement et perpétuellement cessant et faisant cesser tous troubles et empêchements contraires, à la charge par luy de se représenter par devant vous dans trois mois, à peine d'être déchu de l'effet d'icelles; CAR TEL EST NOTRE PLAISIR, EN TEMOIN DE QUOY nous avons fait mettre notre scel à ces présentes.

DONNÉ à Paris le trentième jour de mars, l'an de grâce mil sept cent dix-huit et de notre règne le troisième,

LOUIS.

PAR LE ROY,

Le duc d'Orléans régent présent

PHELYPEAUX.

Sur la marge se trouve la mention suivante : « Aumône, cinq cents livres. »

TABLE

Préface.		7
Précis historique.		11
Statuts.	Janvier 1567.	25
Ordonnances.	Juillet 1633.	29
Statuts.	Mai 1644.	39
Lettres patentes.	Décembre 1567.	53
—	Décembre 1585.	56
—	Mars 1635.	61
—	Septembre 1643.	68
—	Mai 1656.	79
—	Décembre 1758.	84
Arrêt contre Vincent Banvarelle (1621).		87
Sentences contre les ferrailleurs.		91
Arrêts du Parlement concernant les Collèges et Pensions (1763-1764).		95
Maîtres d'armes de Paris.		97
— — de province.		125
Notes du Précis historique.		127

TABLE.

SECONDE PARTIE

Vente faite par Mathieu Gossu à Jean Gossu (1556)	143
Lettres de permission pour M. De Lor (1570)	144
Permission accordée à Laurent Fontaine d'habiter Saint-Quentin (1572)	145
Réceptions de Maîtres d'armes et élections de Jurés	147
Cavalcabo	150
Jacques Ferron	151
Essay des Merveilles de nature, par René François (1622)	153
Concours d'escrime à Toulouse	161
Le Maître d'armes, par Bonnart	162
Pierre Daniel	162
Bertrand Teillagorry	164
Dorcy	164
Lefebvre prévôt, son brevet cassé	165
Guillaume Danet	166
La Boëssière père	169
Saint-George	183
Rousseau, Augustin	191
Trois Maîtres d'armes devenus Maréchaux de France	195
Assauts d'armes dans le jardin du Palais-Royal	195
Charlemagne (Vattier dit)	195
Jean Daressy	197
La Boëssière fils	200
Lafaugère	201
Jean Louis	213
Bertrand	215

Un assaut d'armes en 1814.	218
Pierre Daressy.	223
Académie d'armes (1886).	229

DUELS

La Chateigneraie contre Jarnac.	231
Le coup de Jarnac.	235
Duel d'un page âgé de dix-sept ans (1540).	236
Duel de Des Bordes contre d'Ivoy-Genlis (1560).	237
Une lettre d'appel (xvie siècle).	238
Lettre adressée au tribunal des maréchaux de France par le marquis de Caccia-Fiatti (1785).	238
Monitoire obtenu par le sieur de Gourgue (1671).	239
Lettres de pardon accordées à un témoin (1718).	243

www.ingramcontent.com/pod-product-compliance
Lightning Source LLC
Chambersburg PA
CBHW070654170426
43200CB00010B/2239